Zschenderlein
Übungsaufgaben zum Rechnungswesen für Steuerfachangestellte
Arbeitsheft

W0075314

Zusätzliche digitale Inhalte für Sie!

Zu diesem Buch stehen Ihnen kostenlos folgende digitale Inhalte zur Verfügung:

 Online-Buch ✓

 Buch als PDF

Online-Training

 Zusatz-Downloads

 App

 Digitale Lernkarten

Schalten Sie sich das Buch inklusive Mehrwert direkt frei.

Scannen Sie den QR-Code **oder** rufen Sie die Seite **www.kiehl.de** auf. Geben Sie den Freischaltcode ein und folgen Sie dem Anmeldedialog. Fertig!

Ihr Freischaltcode

BQCE-LIEV-XANJ-NMFP-HXKL-IB

www.kiehl.de

Übungsaufgaben zum Rechnungswesen für Steuerfachangestellte

Arbeitsheft

Von
OStR Dipl.-Hdl. Oliver Zschenderlein

2., aktualisierte Auflage

Feedbackhinweis

Kein Produkt ist so gut, dass es nicht noch verbessert werden könnte. Ihre Meinung ist uns wichtig. Was gefällt Ihnen gut? Was können wir in Ihren Augen verbessern? Bitte schreiben Sie einfach eine E-Mail an: **feedback@kiehl.de**

ISBN: 978-3-470-**10072**-2 · 2., aktualisierte Auflage 2019

© NWB Verlag GmbH & Co. KG, Herne 2017
www.kiehl.de

Kiehl ist eine Marke des NWB Verlags

Druck: medienHaus Plump GmbH, Rheinbreitbach – ptkl

Vorwort

Die uralte Erkenntnis „Übung macht den Meister" gilt nicht nur für die handwerklichen Fertigkeiten, sondern ebenso für kaufmännische Qualifikationen, bei denen Genauigkeit und Routine neben dem Fachwissen ausschlaggebend für die Qualität der Leistungen sind. So wie das Schwimmen im Wasser nicht theoretisch, sondern nur durch Übung im Wasser gelernt werden kann, muss Rechnungswesen – und hierbei insbesondere die Buchführung – anhand von praxisnahen Fällen vielfach geübt werden.

Das vorliegende Arbeitsheft dient der „ersten Übungsphase" bei der Erarbeitung neuer Themen. Es ist so konzipiert, dass die Aufgaben mithilfe der zugehörigen Informationen des Lehrbuchs zu dem jeweiligen Themengebiet problemlos zu lösen sind. Dabei können die Lösungen überwiegend direkt in dem vorliegenden Arbeitsheft eingetragen werden. Ergänzend sind Kontenblätter und Buchungstabellen im Anhang als Kopiervorlagen vorhanden.

Weitere und tiefer gehende Aufgaben und Problemstellungen sind im Lehrbuch und dem dazugehörigen Online-Training enthalten. Diese sollten in einer zweiten und dritten Übungsphase geübt werden, damit sich die oben erwähnte Routine im Umgang mit den Inhalten des Rechnungswesens einstellt.

Für Hinweise auf Verbesserungsmöglichkeiten oder Fehler, die sich trotz gewissenhafter Korrektur leider hier und da einschleichen, sind Autor und Verlag dankbar; gern auch auf elektronischem Wege an die folgende E-Mail-Adresse: **feedback@kiehl.de**.

Oliver Zschenderlein
Koblenz, im April 2019

INHALTSVERZEICHNIS

A. Grundlagen

1. Aufgaben der Buchführung

Aufgabe 1:

Bei den Aufgaben der Buchführung wird zwischen internen und externen Aufgaben unterschieden. Tragen Sie zwei interne und zwei externe Aufgaben der Buchführung in die nachfolgende Tabelle ein.

Interne Aufgaben	Externe Aufgaben

2. Gesetzliche Buchführungspflicht

Aufgabe 2:

Die gesetzliche Buchführungspflicht ist für das Handelsrecht im Handelsgesetzbuch (HGB) und für das Steuerrecht in der Abgabenordnung (AO) geregelt.

Ergänzen Sie in dem nachfolgenden Text die fehlenden Informationen:

Nach § 238 HGB ist jeder _Kaufmann_ verpflichtet, Bücher zu führen und Abschlüsse zu erstellen.

Kaufmann ist nach § 1 Abs. 1 HGB jeder, der ein _Gewerbe_ betreibt.

Ein Handelsgewerbe ist ein Gewerbebetrieb, der einen _in kaufmännischer weise_ eingerichteten Geschäftsbetrieb _benötigt_.

Von der handelsrechtlichen Buchführungspflicht befreit sind nach § 241a HGB _Kleinunternehmer_, die an den Abschlussstichtagen von _____ aufeinander folgenden Abschlussstichtagen jeweils nicht mehr als

▸ _600.000,00€ Umsatz_ und
▸ _60.000,00€ Gewinn_

ausweisen.

Kaufleute sind auch nach § 140 AO buchführungspflichtig.

Nach § 141 AO sind _Freiberufler_ und Land- und Forstwirte buchführungspflichtig, wenn sie nach den Feststellungen der Finanzbehörde für den einzelnen Betrieb:

▸ im Kalenderjahr mehr als _600 000_ € Umsatz erwirtschaftet oder
▸ im Wirtschaftsjahr oder Kalenderjahr mehr als _60.000_ € Gewinn erzielt oder
▸ einen Wirtschaftswert (Land und Forstwirtschaft) von mehr als _25.000,00_ € hatten.

Aufgabe 3:

Welcher der nachfolgenden Unternehmer ist buchführungspflichtig nach § 238 HGB?

Kreuzen Sie diejenigen Fälle an, bei denen eine gesetzliche Buchführungspflicht nach § 238 HGB besteht.

☐ Hausmeister Michael Jung, der nebenbei eine Schulmensa selbstständig betreibt und zwei Aushilfskräfte beschäftigt. Sein Jahresumsatz beträgt rund 50.000 €.

☐ Handwerksmeister Winfried Gilles betreibt eine Klempnerei. Er hat einen Angestellten. Sein Jahresumsatz beträgt rund 210.000 €, sein Gewinn beträgt jährlich 45.000 € bis 50.000 €.

☐ Werbeagentur Godde und Förster (BGB-Gesellschaft) mit 9 Angestellten, Kunden im In- und Ausland und einem Jahresumsatz von 750.000 €. Der Gewinn der Werbeagentur beträgt jährlich 75.000 € bis 90.000 €.

☐ Steuerberater Müller mit 10 Angestellten und einem Jahresumsatz in Höhe von 850.000 €.

☐ Gewerbetreibender Fölbach mit 12 Angestellten und einem Jahresumsatz in Höhe von 1.120.000 €.

B. Inventar und Bilanz

1. Inventar

Beim Vermögen eines Unternehmens wird zwischen Anlage- und Umlaufvermögen und bei den Schulden zwischen langfristigen und kurzfristigen Schulden unterschieden.

Ordnen Sie die nachfolgenden Vermögensgegenstände und Schulden dem **Anlagevermögen**, dem **Umlaufvermögen**, den **langfristigen** bzw. **kurzfristigen Schulden** richtig zu:

► Schreibtisch im Büro des Geschäftsführers eines Möbelfachmarktes

► Bürostuhl im Büro des Geschäftsführers eines Möbelfachmarktes

► Bürostuhl (verpackt) im Regallager eines Möbelfachmarktes

► offene Rechnungen (= Forderungen) aus dem Verkauf von Waren

► Bankkredit mit einer Laufzeit von 2 Jahren

► Bankguthaben auf dem Girokonto des Unternehmens

► Gabelstapler in der Halle eines Möbelfachmarktes

► Kassenbestand

► Schulden aus Wareneinkäufen (Verbindlichkeiten aus Lieferungen und Leistungen)

► Geschäftsgebäude

► Darlehen zur Finanzierung des Geschäftsgebäudes

► Umsatzsteuerschuld gegenüber dem Finanzamt

Anlagevermögen:

► _____

► _____

► _____

► _____

Umlaufvermögen:

► _____

► _____

► _____

► _____

Langfristige Schulden:

► _____

► _____

Kurzfristige Schulden:

▸ _____

▸ _____

Aufgabe 5:

Der buchführungspflichtige Gewerbetreibende Thomas Förster betreibt in Koblenz das Motorradgeschäft „Moto Bike". Zum 31.12.XX hat er durch Inventur folgende Bestände ermittelt:

	Euro
▸ Schulden bei der Sparkasse Koblenz auf dem Girokonto	9.420
▸ Darlehensschuld bei der Sparda-Bank Koblenz	341.200
▸ Guthaben bei der Postbank (Girokonto)	5.628
▸ Kassenbestand	1.605
▸ Ladeneinrichtung	44.700
▸ Sonstige Betriebs- und Geschäftsausstattung	
lt. Verzeichnis 1	45.336
▸ 1 Pkw BMW XYZ	38.000
▸ Motorräder und Roller lt. Verzeichnis 2	307.588
▸ Motorradzubehör und Ersatzteile lt. Verzeichnis 3	19.300
▸ Motorradbekleidung lt. Verzeichnis 4	26.926
▸ Schulden gegenüber Lieferanten lt. Verzeichnis 6	103.005
▸ Forderungen gegenüber Kunden lt. Verzeichnis 5	44.040

Erstellen Sie für das Fahrradgeschäft „Moto Bike" das Inventar zum 31.12.XX.

Inventar
„Moto Bike" für den 31.12.XX

		Euro	Euro
I.	**Vermögen**		
	Summe des Vermögens		
II.	**Schulden**		
	Summe der Schulden		
III.	**Ermittlung des Reinvermögens**		
	Reinvermögen (Eigenkapital)		

2. Bilanz

Aufgabe 6:

Erstellen Sie für das Motorradgeschäft „Moto Bike" (Aufgabe 5) die Bilanz. Beachten Sie hierbei das im Buch vorgegebene Bilanzgliederungsschema und verwenden Sie die richtigen Fachbegriffe.

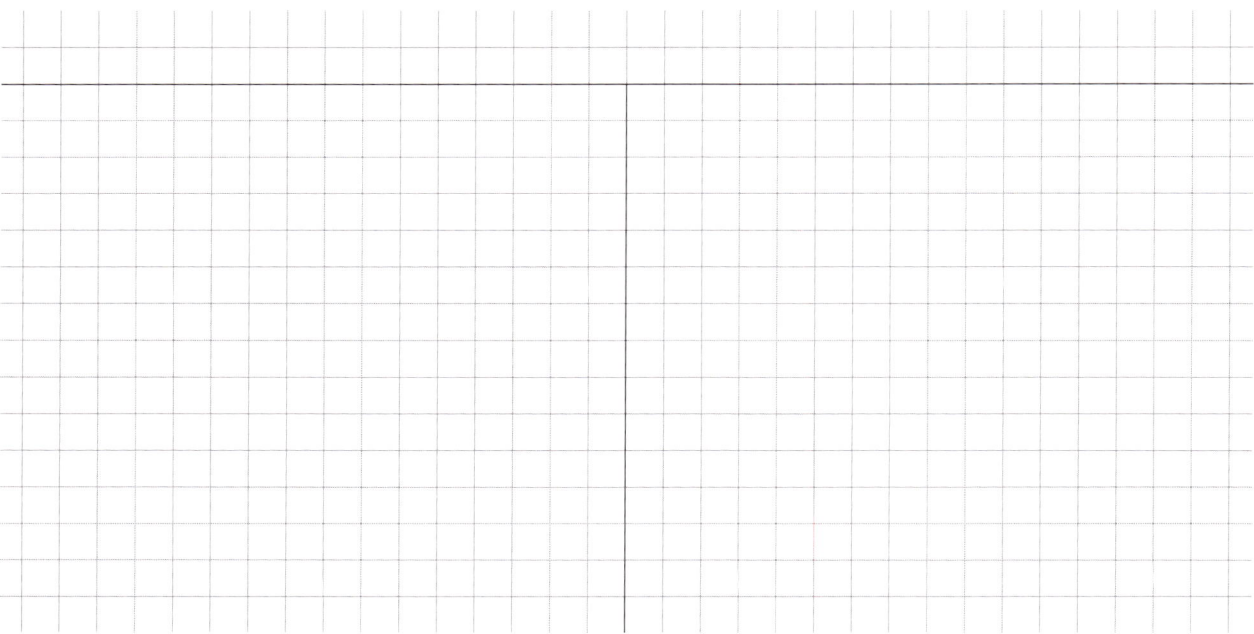

Aufgabe 7:

Der buchführungspflichtige Gewerbetreibende Tom Piper betreibt in Koblenz das Unternehmen „Schreinerei Tom Piper e. K.".

Zum 31.12.XX hat er durch Inventur folgende Bestände ermittelt:

	Euro
▸ Guthaben bei der Postbank (Girokonto)	2.722
▸ Kassenbestand	466
▸ Schulden bei der Sparkasse Koblenz auf dem Girokonto	9.420
▸ Darlehensschuld bei der Volksbank Koblenz	251.200
▸ Büroeinrichtung lt. Verzeichnis 1	44.300
▸ Maschinen lt. Verzeichnis 2	197.512
▸ Sonstige Betriebs- und Geschäftsausstattung lt. Verzeichnis 3	60.448
▸ Vorräte, Roh-, Hilfs-, und Betriebsstoffe lt. Verzeichnis 4	32.984
▸ Schulden gegenüber Lieferanten lt. Verzeichnis 5	153.360
▸ Forderungen gegenüber Kunden lt. Verzeichnis 6	78.720
▸ 1 Pkw VW Passat	32.000

Erstellen Sie für das Unternehmen „Schreinerei Tom Piper e. K." die Bilanz zum 31.12.XX.

C. Systematik der Finanzbuchführung
1. Bilanzveränderungen
Aufgabe 8:

In der Buchführung werden die folgenden vier Arten von Bilanzveränderungen unterschieden:

Aktiv-Tausch	Passiv-Tausch	Aktiv-Passiv-Mehrung	Aktiv-Passiv-Minderung
Erhöhung einer Aktiva-Position bei gleichzeitiger Verminderung einer anderen Aktiva-Position	Erhöhung einer Passiva-Position bei gleichzeitiger Verminderung einer anderen Passiva-Position	Erhöhung einer Aktiva-Position bei gleichzeitiger Erhöhung einer Passiva-Position	Verminderung einer Aktiva-Position bei gleichzeitiger Verminderung einer Passiva-Position

Ordnen Sie die nachfolgend genannten Geschäftsvorfälle den oben genannten Bilanzveränderungen richtig zu.

1. Kauf eines Schreibtischs gegen Barzahlung
2. Wareneinkauf auf Rechnung (noch nicht bezahlt)
3. Verrechnung einer Verbindlichkeit gegenüber einen Kunden mit einer Forderung gegenüber diesem Kunden
4. Bezahlung einer Lieferantenrechnung durch Banküberweisung vom Guthabenkonto
5. Umwandlung eines kurzfristigen Bankdarlehens in ein langfristiges Bankdarlehen
6. Aufnahme eines Bankdarlehens, dessen Auszahlungsbetrag auf dem Bankkonto gutgeschrieben wird
7. Kauf von Bürostühlen auf Rechnung
8. Rückzahlung eines Bankdarlehens durch Banküberweisung vom Guthabenkonto.

Nr.	Art der Bilanzveränderung
1.	
2.	
3.	
4.	
5.	
6.	
7.	
8.	

2. Bestandskonten

Aufgabe 9:

In der Buchführung gibt es zwei Arten von Bestandskonten:

► Aktivkonten und

► Passivkonten.

Ordnen Sie die nachfolgend genannten Konten unten in der Tabelle richtig zu – und zwar in der Reihenfolge, wie sie in der Bilanz aufgeführt sind.

► Waren

► Kasse

► Betriebsausstattung

► Bank (im Plus)

► Rohstoffe

► Verbindlichkeiten a LuL

► Verbindlichkeiten ggü. Kreditinstituten

► Eigenkapital

► Geschäftsausstattung

► unbebaute Grundstücke

► Maschinen

► sonstige Verbindlichkeiten

Aktivkonten	Passivkonten

Aufgabe 10:

Ergänzen Sie die fehlenden Wörter. Schreiben Sie die fehlenden Wörter oder Wortteile in die rechte Spalte.

Aussage	fehlende Wörter
Die **linke** Seite eines Kontos heißt …	
Die **rechte** Seite eines Kontos heißt …	
Die Werte der **Aktiva** werden in die …konten übernommen. Die Eröffnungsbuchungen auf diesen Konten erfolgen im …	
Die Werte der **Passiva** werden in die …konten übernommen. Die Eröffnungsbuchungen auf diesen Konten erfolgen im …	
Mehrungen auf einem **Aktivkonto** werden auf der … Seite dieses Kontos, also im … gebucht.	
Minderungen auf einem **Aktivkonto** werden auf der … Seite dieses Kontos, also im … gebucht.	
Mehrungen auf einem **Passivkonto** werden auf der … Seite dieses Kontos, also im … gebucht.	
Minderungen auf einem **Passivkonto** werden auf der … Seite dieses Kontos, also im … gebucht.	

Aufgabe 11:

Der Unternehmer Marcel Weise, Koblenz, legt zum 31.12.2018 die folgende (hier vereinfachte) Bilanz seines Unternehmens vor:

AKTIVA	Bilanz zum 31.12.2018		PASSIVA
	Euro		Euro
Grund und Boden	200.000	Eigenkapital	161.000
Gebäude	400.000	Verbindl. gegenüber Kreditinstituten	365.000
Maschinen	100.000	Verbindl. aus Lieferungen und Leistungen	235.000
Betriebs- und Geschäftsausstattung	50.000		
Bank	10.000		
Kasse	1.000		
	761.000		761.000

Eröffnen Sie die Bestandskonten zum 01.01.2019 (= Eintragung der Anfangsbestände in die nachfolgenden Konten).

S   H   S   H

S   H   S   H

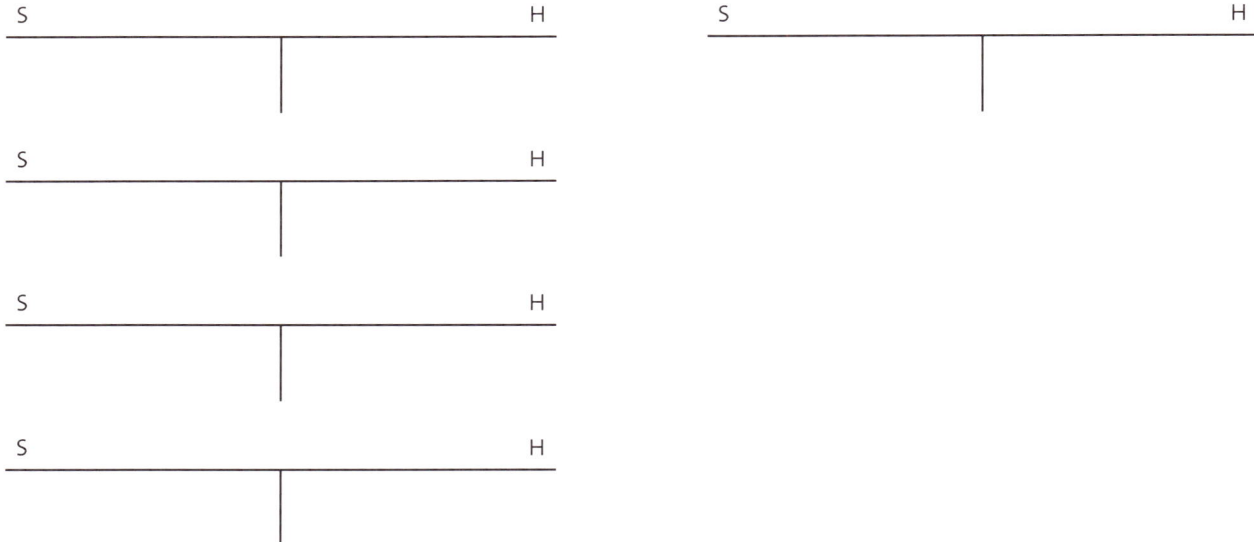

Aufgabe 12:

Bei dem Einzelunternehmer Marc Meurer, Neuwied, ereignen sich die nachfolgenden Geschäftsvorfälle (die Umsatzsteuer bleibt hier noch unberücksichtigt):

1. Kauf eines neuen VW Golf für 18.500 € für das Unternehmen gegen Banküberweisung.

2. Ein Kunde bezahlt eine Rechnung in Höhe von 500 €, die bereits als Forderung erfasst wurde, bar.

3. Rückzahlung eines Bankkredits in Höhe von 2.000 € durch Banküberweisung.

4. Aufnahme eines Bankdarlehens in Höhe von 6.000 € für das Unternehmen. Die Auszahlung erfolgt auf das betriebliche Bankkonto.

5. Bezahlung einer Verbindlichkeit a LuL in Höhe von 1.000 € durch Banküberweisung.

Buchen Sie die vorgenannten Geschäftsvorfälle in den nachfolgenden T-Konten (Auszug aus der Buchführung von Herrn Meurer). Schreiben Sie links in die jeweilige Buchungszeile die entsprechende Textziffer in folgender Form: 1), 2), 3) usw.

S	Pkw	H
AB	12.000,00	

S	Eigenkapital	H
	AB	26.820,00

S	Forderungen a LuL	H
AB	6.970,00	

S	Verbindlichk. ggü. Kreditinstituten	H
	AB	12.600,00

S	Bank	H
AB	22.500,00	

S	Verbindlichk. a LuL	H
	AB	4.780,00

S	Kasse	H
AB	2.730,00	

Aufgabe 13:

Schließen Sie die Konten der Aufgabe 12 ab. Verwenden Sie für die Abschlussbuchungen das nachfolgende Schlussbilanzkonto („SBK").

SBK

Aufgabe 14:

Die Einzelunternehmerin Marie Gilles, Koblenz, hat durch Inventur folgende Bestände ermittelt:

	Euro
► Pkw	85.000
► sonstige Betriebs- und Geschäftsausstattung	32.000
► Bestand Waren	12.000
► Forderungen a LuL	144.000
► Bankguthaben (Girokonto)	9.500
► Kasse	3.850
► Verbindlichkeiten gegenüber Kreditinstituten	54.000
► Verbindlichkeiten a LuL	33.000
► Eigenkapital	?

Geschäftsvorfälle

[Die Umsatzsteuer bleibt hier bei allen Geschäftsvorfällen noch unberücksichtigt.]

1. Ein Kunde überweist 7.000 € auf das Bankkonto von Frau Gilles zum Ausgleich einer Forderung a LuL, die Frau Gilles gegenüber diesem Kunden hat.

2. Für die Auftragsabwicklung kauft Frau Gilles einen leistungsfähigen Computer mit Zubehör für 4.300 € gegen Barzahlung.

3. Frau Gilles hebt 500 € vom Girokonto ab und zahlt sie in die Kasse ein.

4. Frau Gilles kauft Waren für 5.500 € auf Ziel. Die Waren werden auf dem Konto „Bestand Waren" erfasst.

5. Frau Gilles nimmt ein Bankdarlehen in Höhe von 5.000 € auf. Der Betrag wird dem Girokonto gutgeschrieben.

Aufgaben:

a) Tragen Sie die durch Inventur ermittelten Anfangsbestände in den nachfolgenden T-Konten ein.

b) Buchen Sie die Geschäftsvorfälle in den T-Konten.

c) Schließen Sie die Konten über das Schlussbilanzkonto ab und erstellen Sie die daraus abgeleitete Bilanz für die Unternehmerin Marie Gilles.

[Abschreibungen bleiben hier noch unberücksichtigt, weil sie noch nicht behandelt wurden.]

S	Pkw	H

S	Eigenkapital	H

S	Sonstige BGA	H

S	Verbindlichk. ggü. Kreditinstituten	H

S	Forderungen a LuL	H

S	Verbindlichk. a LuL	H

S	Bank	H

S	Bestand Waren	H

S	Kasse	H

S	SBK	H

| Aktiva | Bilanz zum 31.12.20.. | Passiva |

Aufgabe 15:

Bei dem Einzelunternehmer Rolf Schmidt, Koblenz, ereignen sich die nachfolgenden Geschäftsvorfälle [die Umsatzsteuer bleibt hier noch unberücksichtigt]:

1. Anschaffung eines Computers für das Büro von Herrn Schmidt für 1.000 € auf Ziel.

2. Aufnahme eines Bankdarlehens in Höhe von 8.000 €, mit dem eine Verbindlichkeit a LuL in Höhe von 8.000 € direkt beglichen wird.

3. Barabhebung in Höhe von 1.200 € vom Bankkonto (Einzahlung in die Kasse).

4. Begleichung einer Verbindlichkeit a LuL in Höhe von 2.000 € durch Banküberweisung.

5. Rückzahlung eines Bankdarlehens in Höhe von 3.000 € durch Banküberweisung.

Bilden Sie die Buchungssätze zu den vorgenannten Geschäftsvorfällen

a) In Sprachform:

1. _____

2. _____

3. _____

4. _____

5. _____

b) In Tabellenform:

Tz.	Sollkonto (Bezeichnung)	Betrag (Euro)	Habenkonto (Bezeichnung)
1.			
2.			
3.			
4.			
5.			

Aufgabe 16:

Martina Schraub betreibt in Mainz als Einzelunternehmerin ein Fachgeschäft für Schuhbekleidung. Die nachfolgend aufgeführten Geschäftsvorfälle der laufenden Buchführung von Frau Schraub sind noch zu erfassen.

1. Kauf eines neuen Pkw für das Unternehmen für 20.000 € gegen Bankscheck (die USt bleibt hier unberücksichtigt).

2. Begleichung einer Lieferantenrechnung in Höhe von 8.000 € durch Banküberweisung.

3. Kauf einer Ladeneinrichtung für 12.000 € auf Ziel (die USt bleibt hier unberücksichtigt).

4. Aufnahme eines Bankkredits in Höhe von 30.000 €. Die Auszahlung des Kredits erfolgt auf das Girokonto.

5. Bareinzahlung auf dem betrieblichen Bankkonto in Höhe von 1.000 € (aus der Kasse des Fachgeschäfts).

6. Barauszahlung in Höhe von 400 € vom Bankkonto (Wechselgeld für die Kasse).

7. Eine Kundin bezahlt eine Rechnung von Frau Schraub in Höhe von 200 € durch Barzahlung. Die Ausgangsrechnung war in der Buchführung als Forderung erfasst.

8. Überweisung der 1. Rate für das Darlehen der Tz. 4 (Rückzahlung) in Höhe von 500 € vom Bankkonto.

9. Kauf eines neuen Multifunktionsdruckers für das Büro des Fachgeschäfts für 1.050 € auf Ziel (die USt bleibt hier unberücksichtigt).

10. Bezahlung der Umsatzsteuer-Restschuld (Nachzahlung) in Höhe von 1.200 € aus dem Vorjahr durch Banküberweisung an das Finanzamt. Die USt-Restschuld war als „Sonstige Verbindlichkeit" erfasst.

Bilden Sie die Buchungssätze zu den vorgenannten Geschäftsvorfällen

a) In Sprachform:

1. _____

2. _____

3. _____

4. _____

5. _____

6. _____

7. _____

8. _____

9. _____

10. _____

b)   In Tabellenform:

Tz.	Sollkonto (Bezeichnung)	Betrag (Euro)	Habenkonto (Bezeichnung)
1.			
2.			
3.			
4.			
5.			
6.			
7.			
8.			
9.			
10.			

3. Erfolgskonten

Aufgabe 17:

In der Buchführung gibt es folgende Arten von Erfolgskonten:

► Aufwandskonten und

► Ertragskonten.

Ordnen Sie die nachfolgend genannten Konten in der Tabelle richtig zu.

► Porto

► Bürobedarf

► (Verkaufs-) Erlöse

► Miete

► Grundstückserträge

► Darlehenszinsen

► Zinserträge

► Telefonkosten

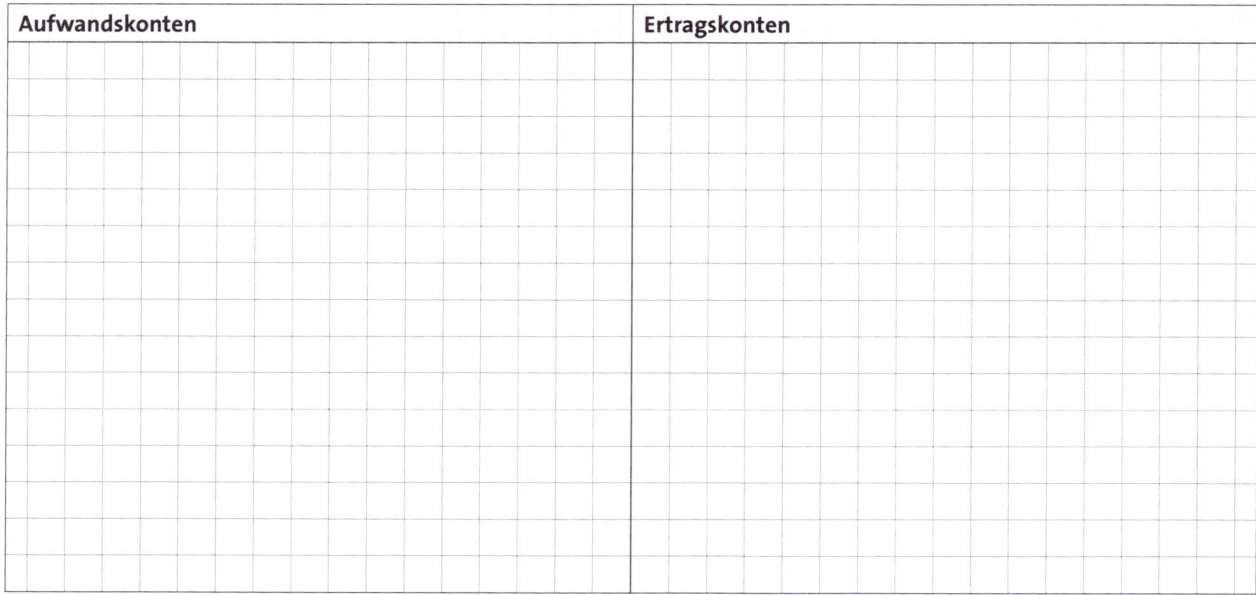

Aufwandskonten	Ertragskonten

Aufgabe 18:

Ergänzen Sie die fehlenden Wörter. Schreiben Sie das jeweils fehlende Wort in die rechte Spalte.

Aussage	fehlende Wörter
Aufwendungen (z. B. Miete für gemietete Geschäftsräume) werden auf dem jeweiligen Aufwandskonto im ...... gebucht.	
Nachträgliche Aufwandsminderungen (z. B. Erstattung von gezahlten Mietnebenkosten) werden auf dem Aufwandskonto im ...... gebucht.	
Erträge (z. B. Miete für vermietete Räume) werden auf dem jeweiligen Ertragskonto im ...... gebucht.	
Nachträgliche Ertragsminderungen (z. B. Erstattung von erhaltenen Mietnebenkosten) werden auf dem Ertragskonto im ...... gebucht.	

Aufgabe 19:

Die Unternehmerin Anika Spyra betreibt in Koblenz eine Modeboutique als Einzelunternehmerin. Bei ihr ereignen sich die folgenden Geschäftsvorfälle [Die Umsatzsteuer bleibt hier noch unberücksichtigt.]:

1. Mietzahlung für die Geschäftsräume in Höhe von 1.000 € durch Banküberweisung.

2. Gehaltszahlung bar: 1.500 €.

3. Banküberweisung für Telefongebühren: 125 €.

4. Banküberweisung einer Kundin in Höhe von 800 € zum Ausgleich einer Forderung a LuL, die Frau Spyra gegenüber der Kundin hat (bereits zuvor als Forderung erfasst).

5. Abbuchung von Zinsen vom betrieblichen Bankkonto in Höhe von 45 € für die Inanspruchnahme des Dispokredits.

6. Barzahlung für Porto: 50 €.

7. Kauf einer Ladentheke auf Ziel für 4.000 €.

8. Abbuchung von Kontoführungsgebühren vom betrieblichen Bankkonto in Höhe von 30 €.

9. Zinsgutschrift in Höhe von 150 € auf dem Bankkonto für eine betriebliche Geldanlage.

10. Mieterlös (Konto: Grundstückserträge) in Höhe von 400 € auf dem Bankkonto für die Vermietung eines betrieblichen Lagerraumes.

Bilden Sie zu den Geschäftsvorfällen 1. - 10. die Buchungssätze in der nachfolgenden Buchungsliste:

Tz.	Sollkonto	Betrag (Euro)	Habenkonto	Erfolgsauswirkung	
				Aufwand Euro	Ertrag Euro
1.					
2.					
3.					
4.					
5.					
6.					
7.					
8.					
9.					
10.					

Aufgabe 20:

Die nachfolgenden Erfolgskonten liegen Ihnen vor. Schließen Sie die Konten ab.

S	2120 (7320) Zinsaufwendungen	H
550,00		

S	4910 (6800) Porto	H
200,00		

S	4120 (6020) Gehälter	H
1.000,00	500,00	
1.200,00		

S	4920 (6805) Telefon	H
100,00		
80,00		

S	4210 (6310) Miete	H
500,00	250,00	
500,00		
500,00		

S	2650 (7110) Zinserträge	H
	5.150,00	

S	0800 (2030) Eigenkapital	H
	AB	54.250,00

S	GuVK	H

Aufgabe 21:

Der Unternehmer Thorsten Weise, Wiesbaden, hat durch Inventur folgende Bestände ermittelt:

SKR 03	SKR 04		Euro
0320	(0520)	Pkw	55.000
0430	(0640)	Ladeneinrichtung	44.000
3980	(1140)	Bestand Waren	33.000
1400	(1200)	Forderungen a LuL	22.000
1200	(1800)	Bankguthaben	11.000
1000	(1600)	Kasse	1.000
0800	(2030)	Eigenkapital	?
1600	(3300)	Verbindlichkeiten a LuL	50.000

Außer den Bestandskonten, die sich aus den obigen Beständen ergeben, sind folgende **Erfolgskonten** zu führen:

2120	(7320)	Zinsaufwendungen
4120	(6020)	Gehälter
4210	(6310)	Miete
4910	(6800)	Porto
4920	(6805)	Telefon
2650	(7110)	Zinserträge

Geschäftsvorfälle
[Die Umsatzsteuer bleibt hier noch unberücksichtigt.]

		Euro
1.	Herr Weise kauft einen zusätzlichen Pkw auf Ziel.	40.000
2.	Eine Forderung a LuL wird von einem Kunden durch Banküberweisung beglichen (Gutschrift bei Herrn Weise).	10.000
3.	Herr Weise bezahlt das Gehalt für einen Angestellten durch Banküberweisung.	3.000
4.	Herr Weise bezahlt Telefonkosten durch Banküberweisung.	200
5.	Kreditzinsen werden von Herrn Weises Bankkonto abgebucht.	100
6.	Guthabenzinsen werden auf Herrn Weises Bankkonto gutgeschrieben.	6.300
7.	Kauf von Briefmarken gegen Barzahlung.	100
8.	Herr Weise bezahlt die Miete für die Geschäftsräume durch Banküberweisung.	1.000

a) Erstellen Sie zu den Buchungen der Geschäftsvorfälle 1. - 8. die Buchungssätze in einer Buchungsliste.

b) Tragen Sie die durch Inventur ermittelten Anfangsbestände in T-Konten ein (Kontenblätter verwenden!).

c) Buchen Sie die Geschäftsvorfälle in den T-Konten.

d) Schließen Sie alle Konten ab.

[Abschreibungen bleiben hier noch unberücksichtigt, weil sie noch nicht behandelt wurden.]

Aufgabe 22:

Die Unternehmerin Judith Kaufmann betreibt in Koblenz ein Geschäft für Damenmoden als Einzelunternehmerin. Bei ihr ereignen sich die folgenden Geschäftsvorfälle [Die Umsatzsteuer bleibt hier noch unberücksichtigt.]:

1. Barzahlung für Porto: 50 €.

2. Abbuchung von Kontoführungsgebühren vom betrieblichen Bankkonto in Höhe von 35 €.

3. Gehaltszahlung bar: 1.000 €.

4. Banküberweisung einer Kundin in Höhe von 400 € zum Ausgleich einer Forderung a LuL, die Frau Kaufmann gegenüber der Kundin hat (bereits zuvor als Forderung erfasst).

5. Mietzahlung für die Geschäftsräume in Höhe von 1.200 € durch Banküberweisung.

6. Abbuchung von Telefongebühren vom Bankkonto: 85 €.

7. Abbuchung von Zinsen für die Inanspruchnahme des Dispokredits vom betrieblichen Bankkonto: 73,50 €.

8. Kauf einer Ladeneinrichtung auf Ziel für 5.000 €.

Bilden Sie zu den Geschäftsvorfällen 1. - 8. die Buchungssätze in der Buchungsliste:

Tz.	Sollkonto SKR 03 (SKR 04)	Betrag (Euro)	Habenkonto SKR 03 (SKR 04)	Erfolgsauswirkung	
				Aufwand Euro	Ertrag Euro
1.					
2.					
3.					
4.					
5.					
6.					
7.					
8.					

4. Kontenrahmen

Aufgabe 23:

Ergänzen Sie zu den nachfolgend genannten Konten die Kontonummern des SKR 03 (SKR 04).

	Kontobezeichnung	Kontonummer SKR 03	Kontonummer SKR 04
1.	Grundstückswerte eigener bebauter Grundstücke (= bebaute Grundstücke)		
2.	Geschäftsbauten		
3.	Pkw		
4.	Lkw		
5.	Betriebsausstattung		
6.	Geschäftsausstattung		
7.	Büroeinrichtung		
8.	Ladeneinrichtung		
9.	Kasse		
10.	Bank		
11.	Forderungen a LuL		
12.	Verbindlichkeiten a LuL		
13.	Eigenkapital (variabel)		
14.	Löhne		
15.	Gehälter		
16.	Miete		
17.	Porto		
18.	Telefon		
19.	Zinsaufwendungen für kurzfristige Darlehen		
20.	Provisionserlöse		

Aufgabe 24:

Bei dem Unternehmer Achim Jungbluth, Mayen, haben sich folgende Geschäftsvorfälle ereignet [die Umsatzsteuer bleibt hier noch unberücksichtigt.]:

		Euro
1.	Banküberweisung eines Kunden zum Ausgleich einer Forderung a LuL von Herrn Jungbluth	5.000
2.	Banküberweisung von Herrn Jungbluth für Telefongebühren	150
3.	Bareinnahmen im Laden (Umsatzerlöse)	10.000
4.	Darlehenstilgung durch Banküberweisung	1.000
5.	Lohnzahlung bar	800
6.	Abbuchung von Darlehenszinsen vom Bankkonto	200
7.	Kauf eines Computers für das Büro auf Ziel	2.000
8.	Barzahlung für Briefmarken	100
9.	Mietzahlung an den Vermieter durch Banküberweisung	1.000
10.	Kauf eines Regals für den Laden auf Ziel	2.000

Bilden Sie zu den Geschäftsvorfällen 1. - 10. die Buchungssätze in der Buchungsliste:

Tz.	Sollkonto		Betrag (Euro)	Habenkonto	
	Konto-bezeichnung	Kontonummer SKR 03 (SKR 04)		Konto-bezeichnung	Kontonummer SKR 03 (SKR 04)
1.					
2.					
3.					
4.					
5.					
6.					
7.					
8.					
9.					
10.					

D. Umsatzsteuer

1. System der Umsatzsteuer

Aufgabe 25:

Berechnen Sie aus den vorgegebenen **Brutto**beträgen (= Beträge mit USt) die **Netto**beträge (= Beträge ohne USt) und die jeweils zugehörige USt bzw. Vorsteuer (VoSt).

Tz.	Vorgang	Brutto-betrag (Euro)	Netto-betrag (Euro)	USt (Euro)	VoSt (Euro)
1.	Einnahmen mit 19 % USt im Laden (Barverkäufe)	26.775,00			
2.	Einnahmen mit 7 % USt im Laden (Barverkäufe)	14.712,50			
3.	Kauf von Büromaterial; Barzahlung, mit 19 % USt	95,20			
4.	Kauf von Fachliteratur auf Rechnung mit 7 % USt	128,40			

Aufgabe 26:

Der Unternehmer Felix Lehn betreibt in Koblenz ein Computerfachgeschäft. Seine Umsätze unterliegen bei der Umsatzsteuer dem regulären Steuersatz (19 %). Er ist zum Vorsteuerabzug berechtigt.

Für Januar legt er Ihnen die folgenden Vorgänge vor:

1. Bareinnahmen im Laden (brutto 19 % USt): 39.270 €.

2. Rechnungen an Kunden (noch nicht bezahlt): 7.000 € + 19 % USt.

3. Wareneinkauf beim Hersteller: Elektroartikel für 25.000 € netto + USt. Die Ware wurde bereits geliefert, aber noch nicht bezahlt.

4. Anschaffung einer neuen Ladentheke für 3.000 € + 19 % USt. Die Ladentheke wurde bereits geliefert, aber noch nicht bezahlt.

5. Barbeleg über den Einkauf von Büromaterial (brutto 19 % USt): 71,40 €.

Für alle vorgenannten Vorgänge liegen ordnungsgemäße Rechnungen vor.

Ermitteln Sie aus den genannten Vorgängen in der nachfolgenden Tabelle

► die USt-Traglast

► die abziehbare Vorsteuer

► die USt-Zahllast.

Tz.	Nettobetrag (Euro)	USt (Euro)	VoSt (Euro)
1.			
2.			
3.			
4.			
5.			
Summe USt (= USt-Traglast)			--
Summe VoSt		--	
USt-Zahllast			

2. Buchung der Umsatzsteuer

Aufgabe 27:

Der Unternehmer Gero Arnold betreibt in Koblenz ein Fahrradfachgeschäft. Seine Umsätze unterliegen bei der Umsatzsteuer dem regulären Steuersatz (19 %), und er ist zum Vorsteuerabzug berechtigt.

Er legt Ihnen die folgenden ordnungsgemäßen Belege vor:

1. Bareinnahmen im Laden: 5.230 € + 993,70 € USt = 6.223,70 €.
2. Rechnung an einen Kunden (noch nicht bezahlt): 1.500 € + 285 € USt = 1.785 €.
3. Reparatur eines Mountain-Bike für einen Kunden. Der Kunde bezahlt 142,80 € bar.

Bilden Sie die Buchungssätze zu den vorgenannten Geschäftsvorfällen in der nachfolgenden Tabelle.

Tz.	Sollkonto Bezeichnung	SKR 03 (SKR 04) Kontonummer	Betrag (Euro)	Habenkonto Bezeichnung	SKR 03 (SKR 04) Kontonummer
1.					
2.					
3.					

3. Buchung der Vorsteuer

Aufgabe 28:

Der Unternehmer Gero Arnold (siehe Aufgabe 27) legt Ihnen die nachfolgenden ordnungsgemäßen Belege vor:

1. Kauf einer Ladentheke für 3.500 € + 665 € USt auf Ziel.

2. Barkauf von Büromaterial für 178,50 € (brutto 19 % USt).

3. Reparatur des betrieblichen Pkw für 600 € + 114 € USt = 714 € (Bezahlung mit der Geldkarte des betrieblichen Bankkontos).

Bilden Sie die Buchungssätze zu den vorgenannten Geschäftsvorfällen in der nachfolgenden Tabelle.

Tz.	Sollkonto Bezeichnung	SKR 03 (SKR 04) Kontonummer	Betrag (Euro)	Habenkonto Bezeichnung	SKR 03 (SKR 04) Kontonummer
1.					
2.					
3.					

4. Buchungen mit Umsatzsteuer und Vorsteuer

Aufgabe 29:

Der Unternehmer Josef Pecsi betreibt in Koblenz ein Großhandelsunternehmen für Elektroartikel. Seine Umsätze unterliegen bei der Umsatzsteuer dem regulären Steuersatz (19 %), und er ist zum Vorsteuerabzug berechtigt.

Er legt Ihnen die folgenden Belege vor:

1. Verkauf von Elektrogeräten für 20.000 € + 3.800 € USt auf Ziel.

2. Bankgutschrift in Höhe von 11.900 € (Überweisung eines Kunden zur Begleichung einer Rechnung in Höhe von 10.000 € + 1.900 € USt, die Herr Pecsi dem Kunden einen Monat zuvor geschickt und in seiner Buchhaltung bereits als Forderung erfasst hatte).

3. Anschaffung eines neuen Büroschreibtischs für 1.100 € + 209 € USt auf Ziel.

4. Reparatur des betrieblichen Pkw für 300 € + 57 € USt in der Fachwerkstatt.
Barzahlung bei Abholung des Pkw.

5. Barbeleg über den Einkauf von Büromaterial: 150 € + 28,50 € USt = 178,50 €.

Bilden Sie die Buchungssätze zu den vorgenannten Geschäftsvorfällen in einer Buchungstabelle wie in dem nachfolgenden Beispiel vorgegeben (siehe Kopiervorlage im Anhang):

Tz.	Sollkonto Bezeichnung	SKR 03 (SKR 04) Kontonummer	Betrag (Euro)	Habenkonto Bezeichnung	SKR 03 (SKR 04) Kontonummer
1.	Porto	4910 (6800)	100,00	Kasse	1000 (1600)

5. Abschluss der Umsatzsteuerkonten

Aufgabe 30:

Die Buchführung des Unternehmers Marco Kranz weist u. a. folgende Salden aus:

Kontobezeichnung	Kontonummer SKR 03 (SKR 04)	Betrag Soll (Euro)	Betrag Haben (Euro)
Vorsteuer	1570 (1400)	7.792,46	
Umsatzsteuer	1770 (3800)		17.777,86
USt-Vorauszahlungen	1780 (3820)	6.531,96	

Erstellen Sie die Abschlussbuchungen für die dargestellten Umsatzsteuerkonten **ohne** Verwendung eines USt-Verrechnungskontos.

Gehen Sie dabei bitte in der folgenden Reihenfolge vor:

1. Abschlussbuchung für das Vorsteuerkonto eintragen
2. Abschlussbuchung für das USt-Vorauszahlungskonto eintragen
3. Abschlussbuchung für das Umsatzsteuerkonto eintragen.

```
        1570 (1400)                              1770 (3800)
S         Vorsteuer           H        S        Umsatzsteuer          H
AB      7.792,46    |                           |  AB      17.777,86
                    |                           |
                    |                           |


        1780 (3820)                              9999 (9999)
S     USt-Vorauszahlungen     H        S      Schlussbilanzkonto      H
AB      6.531,96    |                           |
                    |                           |
                    |                           |
```

Tz.	Sollkonto Bezeichnung	SKR 03 (SKR 04) Kontonummer	Betrag (Euro)	Habenkonto Bezeichnung	SKR 03 (SKR 04) Kontonummer
1.					
2.					
3.					

Aufgabe 31:

Die Buchführung des Unternehmers Dietmar Fölbach weist u. a. folgende Salden aus:

Kontobezeichnung	Kontonummer KR 03 (SKR 04)	Betrag Soll (Euro)	Betrag Haben (Euro)
Vorsteuer	1570 (1400)	8.769,56	
Umsatzsteuer	1770 (3800)		9.421,24
USt-Vorauszahlungen	1780 (3820)	3.332,87	

Erstellen Sie die Abschlussbuchungen für die dargestellten Umsatzsteuerkonten unter Berücksichtigung des USt-Verrechnungskontos.

Gehen Sie dabei bitte in der folgenden Reihenfolge vor:

1. Abschlussbuchung für das Vorsteuerkonto eintragen

2. Abschlussbuchung für das Umsatzsteuerkonto eintragen

3. Abschlussbuchung für das USt-Vorauszahlungskonto eintragen

4. Abschlussbuchung für das USt-Verrechnungskonto eintragen.

	1570 (1400) Vorsteuer			1770 (3800) Jmsatzsteuer	
S		H	S		H
AB	8.769,56			AB	9.421,24

	1780 (3820) USt-Vorauszahlungen			1792 (3630) USt-Verrechnungskonto	
S		H	S		H
AB	3.332,87				

	9999 (9999) Schlussbilanzkonto	
S		H

Tz.	Sollkonto Bezeichnung	SKR 03 (SKR 04) Kontonummer	Betrag (Euro)	Habenkonto Bezeichnung	SKR 03 (SKR 04) Kontonummer
1.					
2.					
3.					
4.					

Aufgabe 32:

Die Buchführung des Unternehmers Dietmar Fölbach weist u. a. folgende Salden aus:

Kontobezeichnung	Kontonummer SKR 03 (SKR 04)	Betrag Soll (Euro)	Betrag Haben (Euro)
Vorsteuer 7 %	1571 (1401)	3.792,46	
Vorsteuer 19 %	1576 (1406)	6.513,26	
Umsatzsteuer 7 %	1771 (3801)		11.795,06
Umsatzsteuer 19 %	1776 (3806)		13.849,62
USt-Vorauszahlungen	1780 (3820)	13.992,00	
USt-Verrechnungskonto	1792 (3630)		

Bilden Sie die Buchungssätze für den Abschluss der dargestellten Umsatzsteuerkonten in der nachfolgenden Buchungstabelle unter Berücksichtigung des USt-Verrechnungskontos 1792 (3630).

Gehen Sie dabei bitte in der folgenden Reihenfolge vor:

1. und 2.	Abschlussbuchungen für die Vorsteuerkonten
3. und 4.	Abschlussbuchungen für die Umsatzsteuerkonten
5.	Abschlussbuchung für das USt-Vorauszahlungskonto
6.	Abschlussbuchung für das USt-Verrechnungskonto.

Geben Sie bei den Kontenangaben die jeweilige Kontonummer des SKR 03 oder SKR 04 an (keine Kontenbezeichnungen erforderlich).

Tz.	Sollkonto-Nummer SKR 03 (SKR 04)	Betrag (Euro)	Habenkonto-Nummer SKR 03 (SKR 04)
1.			
2.			
3.			
4.			
5.			
6.			

E. Grundzüge der Abschreibung
Aufgabe 33:

Der zum Vorsteuerabzug berechtigte Unternehmer Marius Winnen erwirbt am 02.11.2019 (= Lieferdatum) für sein Unternehmen eine neue Maschine. Die geplante Nutzungsdauer beträgt 10 Jahre.

Von dem Lieferanten der Maschine erhält er eine ordnungsgemäße Rechnung über 40.000 € + 7.600 € USt = 47.600 € (noch nicht bezahlt).

Für den Transport der Maschine zu seinem Unternehmen erhält Herr Winnen von dem Spediteur eine ordnungsgemäße Rechnung in Höhe von 1.000 € + 190 € USt (noch nicht bezahlt).

Im Nachhinein stellt Herr Winnen einen Fehler an der Maschine fest, den er reklamiert. Er erhält von dem Lieferanten eine Gutschrift in Höhe von 4.000 € + 760 € USt, die er von der Maschinenrechnung abzieht.

Ermitteln Sie für die Maschine

a) die Anschaffungskosten (AK),

b) die Abschreibung des Anschaffungsjahres bei linearer Abschreibung und

c) den Restbuchwert zum 31.12. des Anschaffungsjahres.

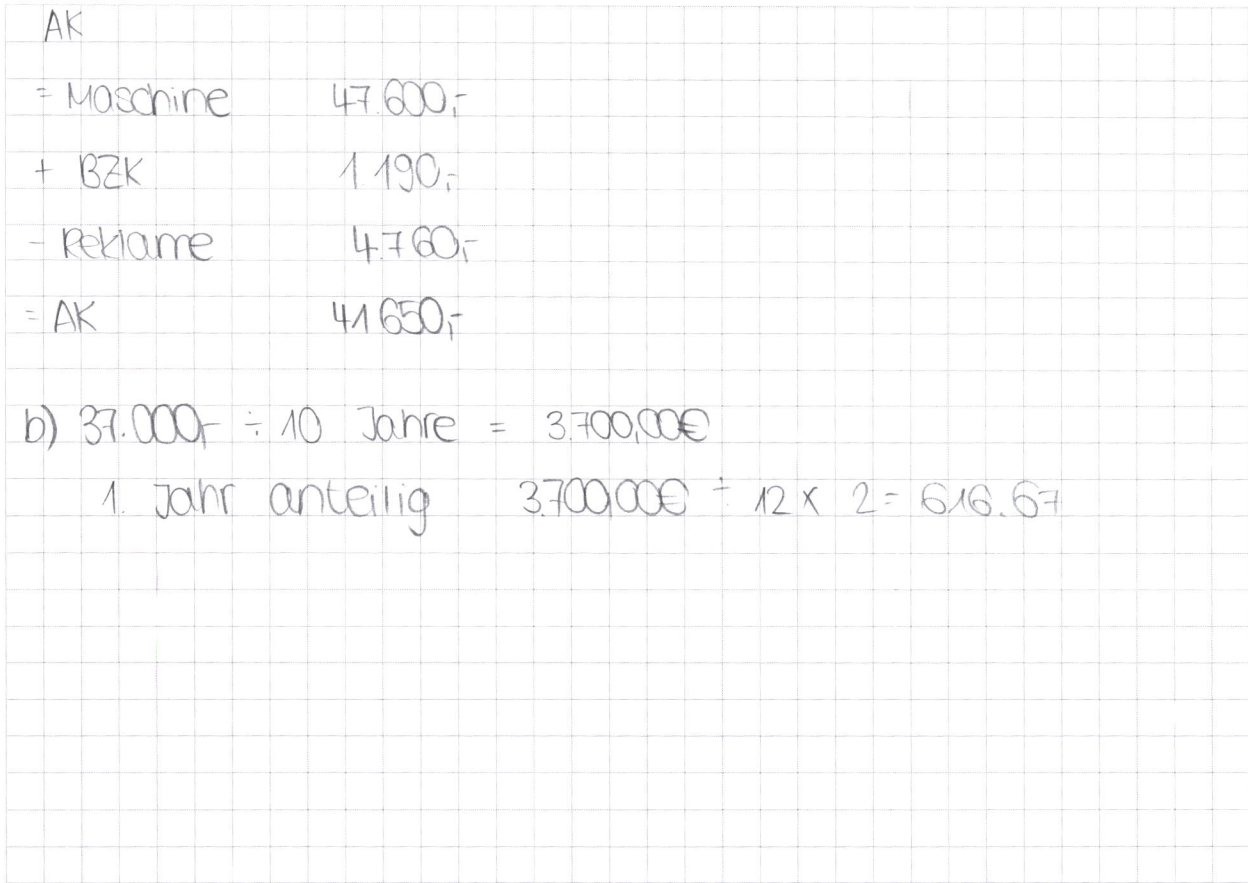

AK

= Maschine   47.600,-
+ BZK   1.190,-
- Reklame   4.760,-
= AK   41.650,-

b) 37.000,- ÷ 10 Jahre = 3.700,00 €
   1. Jahr anteilig   3.700,00 € ÷ 12 x 2 = 616,67

Aufgabe 34:

Die zum Vorsteuerabzug berechtigte Unternehmerin Marie Müller erwirbt am 19.04.2019 (= Lieferdatum) für ihr Unternehmen von einem Pkw-Händler einen neuen Pkw, der ausschließlich betrieblich genutzt werden soll. Die betriebsgewöhnliche Nutzungsdauer beträgt 5 Jahre.

Von dem Verkäufer des Fahrzeugs erhält sie eine ordnungsgemäße Rechnung über 35.000 € + 6.650 € USt = 41.650 € (noch nicht bezahlt).

Für die Kennzeichen bezahlt Frau Müller 30 € + 5,70 € USt, für die Zulassungsgebühr 60 € (beides Barzahlung; ordnungsgemäße Quittungen liegen vor).

Die erste Tankfüllung in Höhe von 53,55 € (brutto 19 %) bezahlt Frau Müller mit ihrer betrieblichen Geldkarte (ordnungsgemäße Quittung liegt vor).

Ermitteln Sie für den Pkw

a) die Anschaffungskosten (AK),

b) die Abschreibung des Anschaffungsjahres bei linearer Abschreibung und

c) den Restbuchwert zum 31.12. des Anschaffungsjahres.

Aufgabe 35:

Bilden Sie die Buchungssätze zur Aufgabe 34 in der nachfolgenden Tabelle (zusammengesetzte oder einfache Buchungssätze):

1. Rechnung des Pkw-Händlers
2. Beleg für die Kennzeichen
3. Beleg über die Zulassungsgebühr
4. Beleg für die erste Tankfüllung
5. Abschreibung des Pkw für 2019.

Tz.	Sollkonto Bezeichnung	SKR 03 (SKR 04) Kontonummer	Betrag (Euro)	Habenkonto Bezeichnung	SKR 03 (SKR 04) Kontonummer
1.					
2.					
3.					
4.					
5.					

F. Warenverkehr

1. Buchungen im Einkaufsbereich

Aufgabe 36:

Die zum Vorsteuerabzug berechtigte Unternehmerin Sabrina Follak betreibt in Emmelshausen ein Großhandelsunternehmen für Lebensmittelgrundstoffe.

1.	Wareneinkauf gegen Bankscheck, netto	1.000,00 €
	+ 19 % USt	190,00 €
		1.190,00 €

2.	Eingangsfracht für den Wareneinkauf von Tz. 1:	
	bar bezahlt, netto	100,00 €
	+ 19 % USt	19,00 €
		119,00 €

3.	Eingangsrechnung Nr. 168935 für einen Wareneinkauf:	
	Warenwert	3.000,00 €
	+ Transportkosten	85,00 €
	+ Verpackungskosten	15,00 €
		3.100,00 €
	+ 19 % USt	589,00 €
		3.689,00 €

4.	Der Versicherungsbeitrag für die Transportversicherung des Wareneinkaufs der Tz. 3 wird durch Banküberweisung beglichen:	77,50 €

5.	Eingangsrechnung Nr. 368975 für einen Wareneinkauf:	
	Warenwert	1.500,00 €
	+ Transportkosten	150,00 €
	+ 10 Leihfässer	250,00 €
		1.900,00 €
	+ 19 % USt	361,00 €
		2.261,00 €

6.	Die Leihfässer (Tz. 5) werden an den Lieferanten zurückgeschickt. Frau Follak erhält hierfür folgende Gutschrift:	
	10 Leihfässer	250,00 €
	+ 19 % USt	47,50 €
		297,50 €

Bilden Sie die Buchungssätze zu den vorgenannten Geschäftsvorfällen in einer Buchungstabelle (siehe Kopiervorlage im Anhang). Alle Vorsteuerbeträge sind abziehbar. Die Nebenkosten des Wareneinkaufs sollen auf den Unterkonten „Bezugsnebenkosten" und „Leergut" gebucht werden.

Nettobeträge und Vorsteuerbeträge sind in jeweils getrennten Zeilen zu erfassen.

Aufgabe 37:

Der zum Vorsteuerabzug berechtigte Unternehmer Johann Langlitz betreibt in Koblenz ein Computerfachgeschäft. Bei ihm ereignen sich folgende Geschäftsvorfälle:

1. Einkauf von 150.000 Blatt Kopierpapier für 1.000 € + 190 € USt auf Ziel.

2. Frachtrechnung des Spediteurs, der das Kopierpapier vom Lieferanten zu Herrn Langlitz befördert hat: 150 € + 28,50 € USt (noch nicht bezahlt).

3. Einkauf von 10 Computer-Monitoren für den Verkauf im Laden. Der Lieferant berechnet insgesamt 1.500 € minus 5 % Mengenrabatt + 19 % USt auf Ziel.

4. Bezahlung einer Transportversicherung in Höhe von 50 € für den Bezug der 10 Computer-Monitore durch Banküberweisung.

5. Einkauf von 50 Speicher-Sticks auf Ziel. Der Listenpreis der 50 Sticks beträgt 300 € + 19 % USt. Als guter Kunde erhält Herr Langlitz einen Rabatt in Höhe von 5 % vom Listenpreis. Die ordnungsgemäße Rechnung des Lieferanten liegt vor.

6. Rücksendung von 100.000 Blatt Kopierpapier (Reklamation). Der Lieferant des Papiers erteilt Herrn Langlitz eine Gutschrift in Höhe von 400 € + 76 € USt.

Bilden Sie die Buchungssätze zu den vorgenannten Geschäftsvorfällen in einer Buchungstabelle (siehe Kopiervorlage im Anhang). Alle Vorsteuerbeträge sind abziehbar.

Nettobeträge und Vorsteuerbeträge sind in jeweils getrennten Zeilen zu erfassen (keine zusammengesetzten, sondern einfache Buchungssätze).

Aufgabe 38:

Thomas Mayer betreibt in Koblenz ein Großhandelsunternehmen für Gartenzubehör. Er ist buchführungspflichtig und zum Vorsteuerabzug berechtigt. Die folgenden Geschäftsvorfälle sollen in der Buchführung von Herrn Mayer berücksichtigt werden (noch nicht erfasst):

1. Herr Mayer bezahlt eine Lieferantenrechnung in Höhe von 10.000 € + 1.900 € USt, die bereits im Vormonat als Verbindlichkeit a LuL erfasst wurde, unter Abzug von 2 % durch Banküberweisung.

2. Wareneinkauf auf Ziel:
   Listenpreis netto 22.500 €
   - 10 % Rabatt (direkter Abzug vom Rechnungsbetrag)
   + 19 % USt

3. 20 % der eingekauften Ware (Tz. 2) ist fehlerhaft und wird deshalb zurückgeschickt. Herr Mayer erhält eine entsprechende Gutschrift.

4. Für die gelieferte Ware (Tz. 2) erhält Herr Mayer von der Spedition, welche die Ware vom Hersteller zu Herrn Mayer transportiert hat, eine Rechnung in Höhe von 450 € + 85,50 € USt (noch nicht bezahlt).

5. Herr Mayer bezahlt die Rechnung der Tz. 2 unter Abzug der Gutschrift (Tz. 3) durch Banküberweisung unter Abzug von 2 % Skonto.

Bilden Sie die Buchungssätze zu den vorgenannten Geschäftsvorfällen in einer Buchungstabelle (siehe Kopiervorlage im Anhang). Alle Vorsteuerbeträge sind abziehbar.

Nettobeträge und Vorsteuerbeträge sind in jeweils getrennten Zeilen zu erfassen (keine zusammengesetzten, sondern einfache Buchungssätze).

Die Nebenkosten des Warenbezugs sollen auf dem Unterkonto „Bezugsnebenkosten" gebucht werden.

2. Buchungen im Verkaufsbereich

Aufgabe 39:

Die zum Vorsteuerabzug berechtigte Unternehmerin Kerstin Schäfer betreibt in Koblenz ein Bürofachgeschäft. Bei ihr ereignen sich folgende Geschäftsvorfälle:

1. Barverkauf von Büromaterial für 107,10 € (brutto 19 % USt).

2. Verkauf von Büromaterial für 150 € + 28,50 € USt auf Ziel. Frau Schäfer schickt dem Kunden die Ware vereinbarungsgemäß per Post.

3. UPS-Barzahlungsbeleg in Höhe von 9,52 € (brutto 19 % USt) für den Versand des Büromaterials an den Kunden (siehe Tz. 2).

4. Ein Kunde bringt 10.000 Blatt Kopierpapier zurück (Reklamation). Frau Schäfer erteilt dem Kunden eine Gutschrift in Höhe von 120 € + 22,80 € USt = 142,80 € und zahlt ihm diesen Betrag bar aus.

5. Für den Warenversand an Kunden kauft Frau Schäfer beim Großhändler 50 Versandkartons für 40 € + 7,60 € USt auf Ziel ein.

6. Einkauf von Druckertinte in Pfandverpackungen, die Frau Schäfer dem Lieferanten gegen Pfandrückgabe leer zurückgeben kann. Frau Schäfer verkauft die Tinte in einer „Druckertintefüllstation" an Kunden.

   Von ihrem Lieferanten erhält Frau Schäfer die folgende (hier vereinfachte) Rechnung:

	3 Liter Druckertinte schwarz	100,00 €
+	Pfand für 3 Druckertinteflaschen	30,00 €
+	19 % USt	24,70 €
		154,70 €

Bilden Sie die Buchungssätze zu den vorgenannten Geschäftsvorfällen in einer Buchungstabelle (siehe Kopiervorlage im Anhang). Alle Vorsteuerbeträge sind abziehbar.

Nettobeträge, Vorsteuer- und Umsatzsteuerbeträge sind in jeweils getrennten Zeilen zu erfassen (keine zusammengesetzten, sondern einfache Buchungssätze).

Aufgabe 40:

Julian Bartels betreibt in Koblenz ein Unternehmen für Sanitärbedarf. Er ist buchführungspflichtig und zum Vorsteuerabzug berechtigt. Die folgenden Geschäftsvorfälle sollen in der Buchführung von Herrn Bartels erfasst werden:

1. Der Kunde Mayer bezahlt eine Ausgangsrechnung in Höhe von 5.000 € + 950 € USt, die bereits im Vormonat als Forderung a LuL erfasst wurde, unter Abzug von 2 % durch Banküberweisung.

2. Warenverkauf auf Ziel an den Kunden Gilles:
   Listenpreis netto 7.500 €
   + 19 % USt
   - 10 % Rabatt (direkter Abzug vom Rechnungsbetrag)

3. Herr Bartels lässt die Ware der Tz. 2 von einer Spedition zu Herrn Gilles transportieren. Die Spedition stellt Herrn Bartels nach dem Transport eine Rechnung in Höhe von 150 € + 28,50 € USt aus (noch nicht bezahlt).

4. 20 % der an den Kunden Gilles verkauften Ware (Tz. 2) ist fehlerhaft und wird deshalb von Gilles an Herrn Bartels zurückgeschickt. Herr Bartels erteilt dem Kunden eine entsprechende Gutschrift.

5. Der Kunde bezahlt die Rechnung der Tz. 2 unter Abzug der Gutschrift (Tz. 4) durch Banküberweisung unter Abzug von 2 % Skonto.

Bilden Sie die Buchungssätze zu den vorgenannten Geschäftsvorfällen in einer Buchungstabelle (siehe Kopiervorlage im Anhang). Alle Vorsteuerbeträge sind abziehbar.

Nettobeträge, Vorsteuer- und Umsatzsteuerbeträge sind in jeweils getrennten Zeilen zu erfassen (keine zusammengesetzten, sondern einfache Buchungssätze).

3. Gemischte Aufgaben im Warenverkehr

Aufgabe 41:

Bei dem zum Vorsteuerabzug berechtigten buchführungspflichtigen Gewerbetreibenden Gerald Forsch ereignen sich die folgenden belegmäßig ordnungsgemäß nachgewiesenen Geschäftsvorfälle:

1. Ein Kunde schickt an Herrn Forsch Ware zurück im Wert von
   brutto 19 % USt   464,10 €

2. Herr Forsch schickt Ware an einen Lieferanten zurück,
   netto   1.065,00 €
   + USt   202,35 €

3. Verrechnung einer Forderung a LuL von Herrn Forsch mit einer
   Verbindlichkeit a LuL eines Lieferanten   8.925,00 €

4. Ein Kunde bezahlt die Rechnung mit der Nummer 12345/09 durch
   Banküberweisung: 4.198,32 € (Zahlungseingang bei Herrn Forsch).
   Der ursprüngliche Rechnungsbetrag hatte 3.600 € + 19 % USt
   betragen (auf dem Konto „1400 (1200)" erfasst). Der Kunde hat 2 %
   Skonto abgezogen.

5. Herr Forsch kauft Ware für 15.000 € abzüglich 10 % Rabatt
   zuzüglich 19 % USt ein. Er erfasst die Eingangsrechnung als
   Verbindlichkeit und bezahlt sie dann durch Banküberweisung
   unter Abzug von 2 % Skonto. Der Rabatt soll nicht getrennt erfasst
   werden; der Skontoabzug soll getrennt ausgewiesen werden.

6. Herr Forsch bezahlt Frachtkosten für eingekaufte Waren direkt
   durch Barküberweisung
   netto   225,00 €
   + USt   42,75 €

7. Herr Forsch bezahlt Frachtkosten für verkaufte Waren durch
   Banküberweisung,
   netto   675,00 €
   + USt   128,25 €

8. Herr Forsch verkauft Ware für 10.000 € abzüglich 10 %
   Rabatt zuzüglich 19 % USt. Der Kunde bezahlt direkt bar unter
   Abzug von 2 % Skonto. Der Rabatt soll nicht getrennt erfasst werden;
   der Skontoabzug soll getrennt ausgewiesen werden.

Bilden Sie die Buchungssätze zu den vorgenannten Geschäftsvorfällen in einer Buchungstabelle (siehe Kopiervorlage). Alle Vorsteuerbeträge sind abziehbar.

Nettobeträge, Vorsteuer- und Umsatzsteuerbeträge sind in jeweils getrennten Zeilen zu erfassen (keine zusammengesetzten, sondern einfache Buchungssätze).

G. Handelskalkulation

1. Vorwärtskalkulation

Aufgabe 42:

Niklas Schumann betreibt in Koblenz ein Computerfachgeschäft. Bei dem Großhändler Stoll in Köln kauft Herr Schumann 10 Computermonitore, die zum Weiterverkauf an Kunden bestimmt sind.

Folgende Daten liegen vor (jeweils netto):

► Der Listeneinkaufspreis für die 10 Computermonitore beträgt zusammen 1.000 €.

► Der Großhändler gewährt Herrn Schumann 10 % Rabatt und 2 % Skonto.

► Die Bezugskosten (Versandgebühr) betragen für die 10 Monitore insgesamt 50 €.

► Die Handlungskosten (allgemeine Geschäftskosten) betragen 20 % der Bezugspreise.

► Herr Schumann kalkuliert mit einem Gewinnaufschlag von 10 %.

► Im Laden gewährt Herr Schumann bei direkter Bezahlung 5 % Rabatt.

Ermitteln Sie mithilfe des Kalkulationsschemas der Vorwärtskalkulation für einen Computermonitor

a) die Selbstkosten,

b) den Listenverkaufspreis und

c) den Bruttoverkaufspreis.

Aufgabe 43:

Joana Kunz betreibt in Cochem eine Modeboutique. Bei dem Großhändler Oster in Freiburg kauft Frau Kunz 20 Röcke der Marke Esprit.

Folgende Daten liegen vor (jeweils netto):

▸ Der Listeneinkaufspreis für die 20 Röcke beträgt zusammen 500 €.

▸ Der Großhändler gewährt Frau Kunz 8 % Rabatt und 2 % Skonto.

▸ Die Bezugskosten (Versandgebühr) betragen für die Röcke insgesamt 30 €.

▸ Die Handlungskosten (allgemeine Geschäftskosten) betragen 25 % der Bezugspreise.

▸ Frau Kunz kalkuliert mit einem Gewinnaufschlag von 30 %.

▸ Im Laden gewährt Frau Kunz oftmals 10 % Rabatt.

Ermitteln Sie mithilfe des Kalkulationsschemas der Vorwärtskalkulation für einen Rock

a) die Selbstkosten,

b) den Listenverkaufspreis und

c) den Bruttoverkaufspreis.

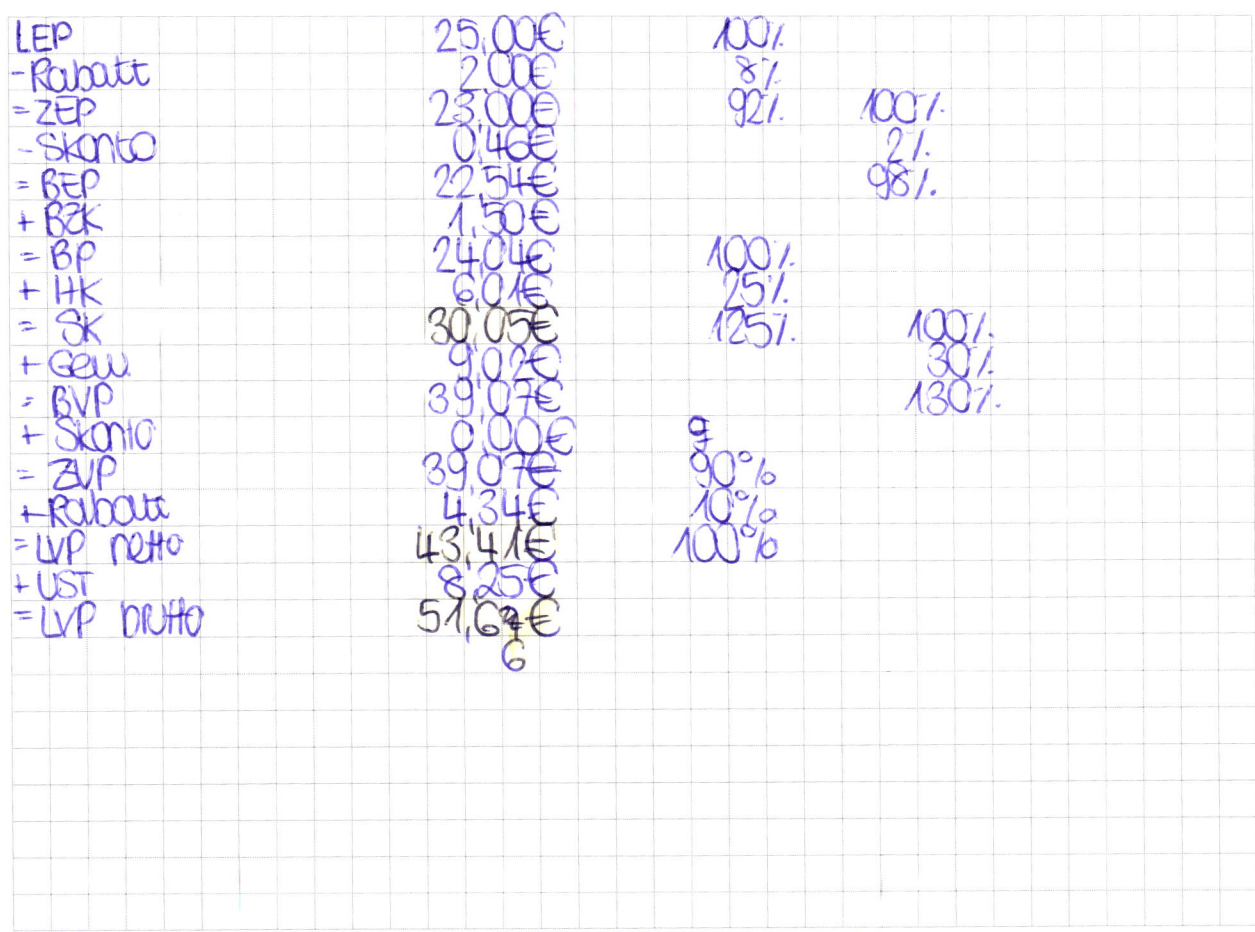

Aufgabe 44:

In kleinen Betrieben wird zur Ermittlung des Listenverkaufspreises oftmals ein Kalkulationsfaktor (prozentualer Aufschlag auf den Bezugspreis) verwendet.

Wie hoch ist der Kalkulationsfaktor eines Produkts, das folgende Daten aufweist:

▶ Bezugspreis   125 €

▶ Listenverkaufspreis   200 €

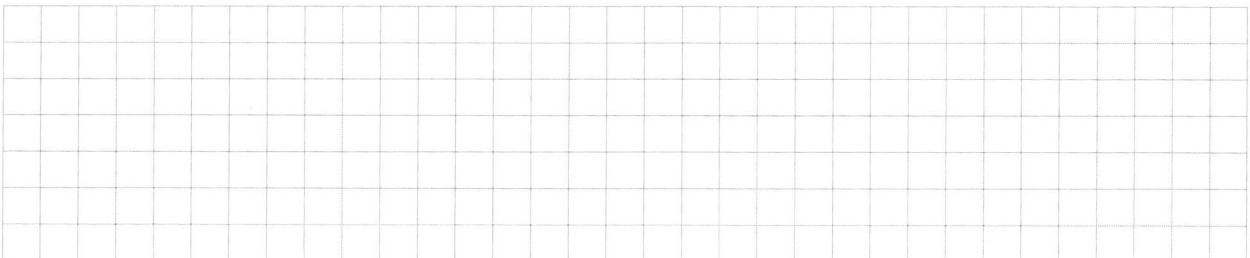

2. Rückwärtskalkulation

Aufgabe 45:

Für den Computermonitor SyncMaster P2450 liegen die folgenden Daten vor:

▶ Bezugspreis   102,40 €

▶ Listenverkaufspreis   128,00 €

Berechnen Sie für den Computermonitor die Handelsspanne in Prozent.

H. Roh-, Hilfs- und Betriebsstoffe

Aufgabe 46:

Thomas Förster betreibt in Lahnstein ein Industrieunternehmen der chemischen Industrie. Er ist buchführungspflichtig und zum Vorsteuerabzug berechtigt. Die folgenden Geschäftsvorfälle sollen in der Buchführung von Herrn Förster erfasst werden:

1. Rohstoffeinkauf auf Ziel:
       Listenpreis netto 12.000 €
    +   19 % USt
    -   10 % Rabatt

2. 20 % des eingekauften Rohstoffs (Tz. 1) ist fehlerhaft und wird deshalb zurückgeschickt. Herr Förster erhält eine entsprechende Gutschrift.

3. Für den gelieferten Rohstoff (Tz. 1) erhält Herr Förster von der Spedition, die den Rohstoff vom Hersteller zu Herrn Förster transportiert hat, eine separate Rechnung in Höhe von 480 € + 91,20 € USt (noch nicht bezahlt).

4. Herr Förster bezahlt die Rechnung der Tz. 1 unter Abzug der Gutschrift (Tz. 2) durch Banküberweisung unter Abzug von 2 % Skonto.

Bilden Sie die Buchungssätze zu den vorgenannten Geschäftsvorfällen in der nachfolgenden Tabelle.

Tz.	Sollkonto Bezeichnung	SKR 03 (SKR 04) Kontonummer	Betrag (Euro)	Habenkonto Bezeichnung	SKR 03 (SKR 04) Kontonummer

I. Privatentnahmen und -einlagen

1. Privatentnahmen allgemein

Aufgabe 47:

Die zum Vorsteuerabzug berechtigte buchführungspflichtige Unternehmerin Julia Schoor betreibt in Koblenz ein Einzelhandelsunternehmen für Lebensmittel. Bei ihr ereignen sich folgende Geschäftsvorfälle:

1. Frau Schoor entnimmt 300 € aus der Kasse des Einzelhandelsgeschäfts für private Ausgaben.

2. Auf der Fahrt von ihrem Lebensmittelgeschäft nach Hause tankt Frau Schoor den betrieblichen Pkw auf. Sie bezahlt bei der Tankstelle mit ihrer betrieblichen Geldkarte 66,20 €. Eine ordnungsgemäße Quittung liegt vor.

3. Frau Schoor überweist ihre Einkommensteuervorauszahlung in Höhe von 1.850 € vom betrieblichen Bankkonto.

4. Bezahlung der Anschaffung einer Waschmaschine für den Privathaushalt von Frau Schoor mit der Geldkarte des Einzelhandelsgeschäfts: 1.000 € + 190 € USt = 1.190 €. Ein ordnungsgemäß ausgestellter Beleg liegt vor.

5. Überweisung einer Spende an Greenpeace Deutschland e. V. in Höhe von 150 € vom betrieblichen Bankkonto. Ein ordnungsgemäßer Beleg liegt vor.

Bilden Sie die Buchungssätze zu den vorgenannten Geschäftsvorfällen in der nachfolgenden Tabelle.

Tz.	Sollkonto Bezeichnung	SKR 03 (SKR 04) Kontonummer	Betrag (Euro)	Habenkonto Bezeichnung	SKR 03 (SKR 04) Kontonummer

2. Sachentnahmen

Aufgabe 48:

Die Einzelhändlerin Julia Schoor (siehe Aufgabe 47) entnimmt ihrem Lebenmittelgeschäft lt. Aufzeichnungen für den Monat Mai folgende Gegenstände für den privaten Bedarf:

1. Lebensmittel, die dem ermäßigten Steuersatz unterliegen, im Wert von
   - ▸ 235,40 € (Summe der Verkaufspreise im Laden) bzw.
   - ▸ 154,00 € (Summe der Nettoeinkaufspreise).

2. Getränke, die dem regulären Steuersatz unterliegen, im Wert von
   - ▸ 71,40 € (Summe der Verkaufspreise im Laden) bzw.
   - ▸ 30,00 € (Summe der Nettoeinkaufspreise).

Bilden Sie die Buchungssätze zu den vorgenannten Geschäftsvorfällen in der nachfolgenden Tabelle.

Tz.	Sollkonto Bezeichnung	SKR 03 (SKR 04) Kontonummer	Betrag (Euro)	Habenkonto Bezeichnung	SKR 03 (SKR 04) Kontonummer

Aufgabe 49:

Marius Hendges ist Inhaber einer Gastwirtschaft in Cochem (Mosel) mit Gästezimmern. Die Gastwirtschaft ist ganztags geöffnet. In der Gastwirtschaft werden kalte und warme Speisen serviert.

Herr Hendges wohnt mit seiner Ehefrau und seiner 10-jährigen Tochter in dem Haus der Gastwirtschaft. Die Familie entnimmt die Lebensmittel und Getränke für ihren privaten Bedarf der Gastwirtschaft. Aufzeichnungen hierüber liegen nicht vor.

Hinweis: Siehe Lehrbuch Seite 185-187 oder **www.bundesfinanzministerium.de** Suchbegriff: „Pauschbeträge für unentgeltliche Wertabgaben 2019".

Bilden Sie die notwendigen Buchungssätze für den Monat Juli 2019 in der nachfolgenden Tabelle.

Tz.	Sollkonto Bezeichnung	SKR 03 (SKR 04) Kontonummer	Betrag (Euro)	Habenkonto Bezeichnung	SKR 03 (SKR 04) Kontonummer

3. Nutzungsentnahmen

Aufgabe 50:

Der zum Vorsteuerabzug berechtigte Unternehmer Gero Schmidt betreibt in Trier ein Softwareunternehmen. Er nutzt den betrieblichen Pkw, der zum notwendigen Betriebsvermögen gehört, sowohl für betriebliche Zwecke als auch für private Fahrten. Er führt kein Fahrtenbuch.

Die Anschaffungskosten des im Vorjahr für das Softwareunternehmen mit Vorsteuerabzug erworbenen Pkw haben 32.500 € (netto) betragen. Der Listenpreis zum Zeitpunkt der Erstzulassung hat 41.660 € (brutto 19 %) betragen.

Berechnen Sie den Wert der Privatnutzung für 2019 und bilden Sie die Buchungssätze hierzu in der nachfolgenden Tabelle.

Tz.	Sollkonto Bezeichnung	SKR 03 (SKR 04) Kontonummer	Betrag (Euro)	Habenkonto Bezeichnung	SKR 03 (SKR 04) Kontonummer

Aufgabe 51:

Der zum Vorsteuerabzug berechtigte Unternehmer Stefan Nick ist Inhaber eines Buchladens in Wiesbaden. Im Mai 2019 hat Herr Nick für sein Unternehmen einen neuen Pkw gekauft, der zum notwendigen Betriebsvermögen gehört und von Herrn Nick sowohl für betriebliche Zwecke als auch für private Fahrten genutzt wird. Er führt kein Fahrtenbuch.

Der für den Buchladen angeschaffte Pkw hat 22.350 € + 4.246,50 € = 26.596,50 € gekostet. Der Listenpreis zum Zeitpunkt der Erstzulassung hat 29.155 € (brutto 19 %) betragen.

Berechnen Sie den Wert der Privatnutzung für 2019 und bilden Sie die Buchungssätze hierzu in der nachfolgenden Tabelle.

Tz.	Sollkonto Bezeichnung	SKR 03 (SKR 04) Kontonummer	Betrag (Euro)	Habenkonto Bezeichnung	SKR 03 (SKR 04) Kontonummer

Aufgabe 52:

Die zum Vorsteuerabzug berechtigte Unternehmerin Anita Grünwald ist Inhaberin einer Werbeagentur in Köln. Sie nutzt den betrieblichen Pkw mit dem Kennzeichen K-AG 567 sowohl für betriebliche als auch private Fahrten. Sie führt ein Fahrtenbuch ordnungsgemäß.

Aus dem Fahrtenbuch und der Buchführung sind für 2019 folgende Daten für den Pkw zu entnehmen:

▸ insgesamt zurückgelegt (km)   66.769

▸ privat gefahrene km (in dem Wert zuvor enthalten)   9.348

▸ Kfz-Kosten **mit** Vorsteuerabzug
(Abschreibung, Benzin, Reparaturen etc.)   27.406,67 € (netto)

▸ Kfz-Kosten **ohne** Vorsteuerabzug
(Steuer, Versicherung etc.)   1.856,20 €

Berechnen Sie den Wert der Privatnutzung für 2019 und bilden Sie die Buchungssätze hierzu in der nachfolgenden Tabelle.

Tz.	Sollkonto Bezeichnung	SKR 03 (SKR 04) Kontonummer	Betrag (Euro)	Habenkonto Bezeichnung	SKR 03 (SKR 04) Kontonummer

Aufgabe 53:

Der zum Vorsteuerabzug berechtigte buchführungspflichtige Unternehmer Miro Pytlik betreibt in Koblenz ein Computerfachgeschäft. Folgende Vorgänge sind von Ihnen für Juli 2019 zu beurteilen und zu erfassen:

1. Herr Pytlik nutzt die betriebliche Telefonanlage, die im Jahr zuvor für das Computerfachgeschäft für 3.500 € + 665 € USt angeschafft wurde, auch für Privatgespräche. Die Telefonanlage wird über eine Nutzungsdauer von 5 Jahren abgeschrieben. Bei der letzten Betriebsprüfung wurde ein privater Nutzungsanteil in Höhe von 20 % festgelegt.

2. Die Rechnung über die Telefongebühren des Computerfachgeschäfts für Juli in Höhe von 160 € + 30,40 € USt ist bereits eingegangen und vom betrieblichen Bankkonto abgebucht. In der Buchführung von Pytlik wurde die Telefonrechnung noch nicht erfasst. Der private Nutzungsanteil beträgt 20 % (siehe Tz. 1).

Berechnen Sie den Wert der Privatnutzung für Juli 2019 und bilden Sie die Buchungssätze zu Tz. 1 und 2 in der nachfolgenden Tabelle.

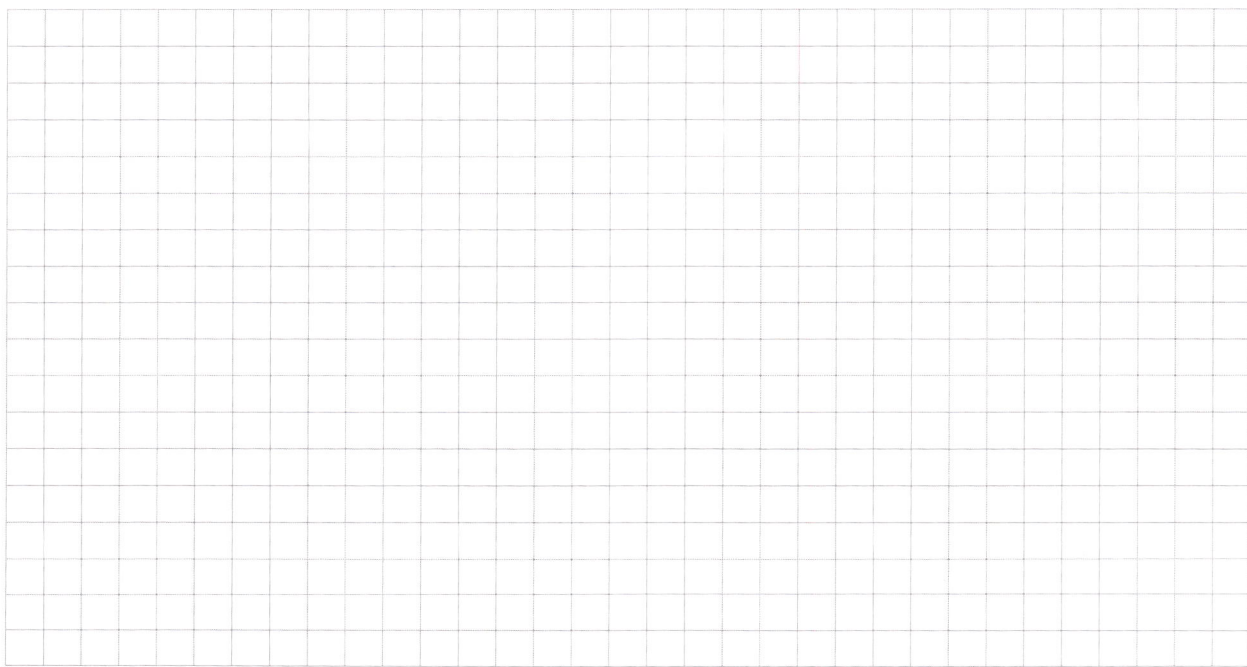

Tz.	Sollkonto Bezeichnung	SKR 03 (SKR 04) Kontonummer	Betrag (Euro)	Habenkonto Bezeichnung	SKR 03 (SKR 04) Kontonummer
1.					
2.					

4. Privateinlagen

Aufgabe 54:

Die zum Vorsteuerabzug berechtigte buchführungspflichtige Unternehmerin Mara Marx ist Inhaberin eines Einzelhandelsunternehmens in Koblenz. Bei ihr ereignen sich folgende Geschäftsvorfälle:

1. Frau Marx bezahlt die Tankfüllung für den betrieblichen Pkw in Höhe von 53,55 € (brutto 19 %) mit ihrer privaten Geldkarte. Ein ordnungsgemäßer Beleg liegt vor.

2. Frau Marx ordnet den Computer ihres Ehemannes der Geschäftsausstattung ihres Einzelhandelsgeschäfts zu, weil sie diesen ausschließlich für betriebliche Zwecke nutzt. Der Computer wurde im Vorjahr für 1.500 € (brutto 19 %) privat angeschafft. Der Wert des gebauchten Computers beträgt 1.050 € zum Zeitpunkt der betrieblichen Zuordnung.

3. Frau Marx erhält vom Finanzamt eine Einkommensteuererstattung in Höhe von 2.150 € auf ihr betriebliches Bankkonto überwiesen.

Bilden Sie die notwendigen Buchungssätze zu den vorgenannten Vorgängen 1. - 3. in der nachfolgenden Tabelle.

Tz.	Sollkonto Bezeichnung	SKR 03 (SKR 04) Kontonummer	Betrag (Euro)	Habenkonto Bezeichnung	SKR 03 (SKR 04) Kontonummer
1.					
2.					
3.					

5. Betriebsvermögensvergleich
Aufgabe 55:

Für die buchführungspflichtige Unternehmerin Lisa Müller liegen Ihnen die folgenden Daten vor:

Anlagevermögen zum 31.12.2018	135.200 €
Umlaufvermögen zum 31.12.2018	225.400 €
Schulden zum 31.12.2018	198.300 €
Anlagevermögen zum 31.12.2019	186.600 €
Umlaufvermögen zum 31.12.2019	227.900 €
Schulden zum 31.12.2019	196.500 €
Privateinlagen 2019	2.600 €
Privatentnahmen 2019	85.700 €

Berechnen Sie den Gewinn/Verlust 2019 für Frau Müller.

J. Löhne und Gehälter

1. Gehaltsabrechnung

Aufgabe 56:

Der Arbeitnehmer Niklas Oster ist 24 Jahre alt und ledig. Er hat keine Kinder. Sein Bruttomonatsgehalt beträgt 2.400 €. Die abzuziehende Lohnsteuer beträgt 270,58 €. Er ist katholisch und wohnt in Lahnstein (Rheinland-Pfalz). Der Zusatzbeitrag zur Krankenversicherung beträgt 0,90 %.

Berechnen Sie für Herrn Oster das Nettogehalt für Juli 2017. Tragen Sie die einzelnen Werte der Berechnung in die unten vorgegebenen Lücken ein.

Bruttogehalt				2.400,00 €
- Steuern				
Lohnsteuer	_____ €			
Solidaritätszuschlag	_____ €			
Kirchensteuer	_____ €	→	-_____ €	
- Sozialversicherungsbeiträge (AN-Anteile)				
Krankenversicherungsbeitrag	_____ €			
AN-Zusatzbeitrag zur KV	_____ €			
Pflegeversicherungsbeitrag	_____ €			
Rentenversicherungsbeitrag	_____ €			
Arbeitslosenversicherungsbeitrag	_____ €	→	-_____ €	
= **Nettogehalt = Auszahlungsbetrag**				_____ €

Aufgabe 57:

Die angestellte Steuerberaterin Joana Kunz ist 28 Jahre alt und ledig. Sie hat keine Kinder. Ihr Bruttomonatsgehalt beträgt 5.000 €. Die abzuziehende Lohnsteuer beträgt 1.014,75 €. Sie ist katholisch und wohnt in Winningen (Rheinland-Pfalz). Der Zusatzbeitrag zur Krankenversicherung beträgt 0,90 %.

Berechnen Sie für Frau Kunz das Nettogehalt für Juli 2019.

2. Gehaltsbuchung

Aufgabe 58:

Erstellen Sie zur Aufgabe 57 die Buchungssätze nach der Verrechnungsmethode in der nachfolgenden Tabelle. Der Arbeitgeberanteil zur Sozialversicherung beträgt 948,36 €. Die Steuern und Sozialversicherungsbeiträge sowie das Nettogehalt wurden noch nicht bezahlt.

Sollkonto Bezeichnung	SKR 03 (SKR 04) Kontonummer	Betrag (Euro)	Habenkonto Bezeichnung	SKR 03 (SKR 04) Kontonummer

3. Gehalt mit Vorschuss

Aufgabe 59:

Jan-David Issels ist 28 Jahre alt. Er ist verheiratet und hat zwei Kinder. Sein Bruttomonatsgehalt beträgt 3.200 €. Die abzuziehende Lohnsteuer beträgt 215,33 € (Lohnsteuerklasse III mit 2 Kinderfreibeträgen). SolZ und Kirchensteuer fallen nicht an. Der Zusatzbeitrag zur Krankenversicherung beträgt 0,90 %.

Zu Beginn des Monats hatte Herr Issels von seinem Arbeitgeber einen Vorschuss in Höhe von 1.000 € durch Überweisung erhalten. Der Vorschuss wird am Monatsende mit dem Nettogehalt verrechnet.

Berechnen Sie das Nettogehalt und den Auszahlungsbetrag für Juli 2019 und bilden Sie alle zugehörigen Buchungssätze. Bis auf den gewährten Vorschuss wurden noch keine Zahlungen geleistet.

Sollkonto Bezeichnung	SKR 03 (SKR 04) Kontonummer	Betrag (Euro)	Habenkonto Bezeichnung	SKR 03 (SKR 04) Kontonummer

4. Gehalt mit vermögenswirksamer Leistung

Aufgabe 60:

Emsada Pepic ist 22 Jahre alt. Sie ist ledig und hat keine Kinder. Ihr Bruttomonatsgehalt beträgt 2.200 €. Frau Pepic hat einen Bausparvertrag, in den sie monatlich 40 € vermögenswirksam spart (Abzug vom Gehalt). Ihr Arbeitgeber trägt die Hälfte der Sparrate, also 20 €, zusätzlich zu dem o. g. Bruttogehalt. Die abzuziehende Lohnsteuer beträgt 230,75 €. Sie ist katholisch und wohnt in Lahnstein (Rheinland-Pfalz). Der Zusatzbeitrag zur Krankenversicherung beträgt 0,90 %.

Erstellen Sie die Gehaltsabrechnung für Juli 2019 sowie die zugehörigen Buchungssätze nach der Verrechnungsmethode. Alle vom Arbeitgeber zu bezahlenden Beträge werden hier als Verbindlichkeiten erfasst (es wird unterstellt, dass noch keine Zahlungen erfolgt sind).

Sollkonto Bezeichnung	SKR 03 (SKR 04) Kontonummer	Betrag (Euro)	Habenkonto Bezeichnung	SKR 03 (SKR 04) Kontonummer

5. Gehalt mit Sachbezug

Aufgabe 61:

Matthias Karbach ist 30 Jahre alt, verheiratet und hat keine Kinder. Sein Bruttomonatsgehalt beträgt gleichbleibend 3.000 €. Zusätzlich zum Gehalt erhält er von seinem Arbeitgeber eine Wohnung verbilligt überlassen. Der Mietwert der Wohnung beträgt 600 €. Herr Karbach bezahlt für die Wohnung monatlich 300 € an seinen Arbeitgeber (Abzug vom Gehalt).

Die abzuziehende Lohnsteuer beträgt 234,00 € (Lohnsteuerklasse III). Er ist katholisch und wohnt in Boppard (Rhein). Der Zusatzbeitrag zur Krankenversicherung beträgt 0,90 %.

Erstellen Sie die Gehaltsabrechnung für Juli 2019 auf einem separaten Blatt Papier und die zugehörigen Buchungssätze nach der Verrechnungsmethode in einer Buchungstabelle (siehe Anhang). Alle vom Arbeitgeber zu bezahlenden Beträge werden hier als Verbindlichkeiten erfasst (es wird unterstellt, dass noch keine Zahlungen erfolgt sind).

Aufgabe 62:

Jakob Born ist 33 Jahre alt. Er ist verheiratet und hat zwei Kinder. Sein Bruttomonatsgehalt beträgt 2.666 €. Zusätzlich zum Gehalt erhält er von seinem Arbeitgeber einen Pkw für betriebliche und private Fahrten ständig überlassen. Für die Kfz-Überlassung bezahlt Herr Born seinem Arbeitgeber kein Entgelt.

Herr Born führt kein Fahrtenbuch. Der Listenpreis des Pkw hat zum Zeitpunkt der Erstzulassung 33.333 € (brutto 19 %) betragen. Die einfache Strecke (Entfernung) zwischen der Wohnung von Herrn Born und seiner ersten Tätigkeitsstätte beträgt 10 km.

Die abzuziehende Lohnsteuer beträgt 194,50 € (Lohnsteuerklasse III mit 2 Kinderfreibeträgen). SolZ und Kirchensteuer fallen nicht an. Der Zusatzbeitrag zur Krankenversicherung beträgt 0,90 %.

Erstellen Sie auf einem Blatt Papier die Gehaltsabrechnung für Juli 2019 und tragen Sie die zugehörigen Buchungssätze nach der Verrechnungsmethode in die nachfolgende Tabelle ein. Es wird unterstellt, dass noch keine Zahlungen erfolgt sind.

Sollkonto Bezeichnung	SKR 03 (SKR 04) Kontonummer	Betrag (Euro)	Habenkonto Bezeichnung	SKR 03 (SKR 04) Kontonummer

Aufgabe 63:

Erstellen Sie die Buchungssätze zu allen Zahlungen, die aus der Aufgabe 62 entstehen (alle Zahlungen erfolgen über das Bankkonto).

Sollkonto Bezeichnung	SKR 03 (SKR 04) Kontonummer	Betrag (Euro)	Habenkonto Bezeichnung	SKR 03 (SKR 04) Kontonummer

6. Minijob

Aufgabe 64:

Lea Schrupp hat neben ihrer Hauptbeschäftigung einen Minijob bei einem Einzelhandelsgeschäft in Bad Ems. Dort verdient sie monatlich gleichbleibend 420 € (brutto). Frau Schrupp ist mit ihrer Hauptbeschäftigung gesetzlich sozialversichert. Für den Minijob hat sie sich schriftlich von der Rentenversicherungspflicht befreien lassen.

Ergänzen Sie die **pauschalen Abgaben**, die der Arbeitgeber in 2019 monatlich für den Minijob von Frau Schrupp abführen muss.

- ► Rentenversicherung _____ % = _____ €
- ► Krankenversicherung _____ % = _____ €
- ► Lohnsteuer _____ % = _____ €
- ► U1 für Krankheitsfortzahlungen _____ % = _____ €
- ► U2 für Schwangerschaft/Mutterschutz _____ % = _____ €
- ► Insolvenzgeldumlage _____ % = _____ €

Aufgabe 65:

Diana Maez hat neben ihrer Hauptbeschäftigung einen Minijob bei einer Rechtsanwaltskanzlei in Koblenz. Dort verdient sie monatlich gleichbleibend 350 € (brutto). Frau Maez ist privat krankenversichert. Für den Minijob hat sie sich schriftlich von der Rentenversicherungspflicht befreien lassen.

Berechnen Sie die **pauschalen Abgaben**, die der Arbeitgeber in 2019 monatlich für den Minijob von Frau Maez abführen muss.

Aufgabe 66:

Bilden Sie die Buchungssätze zur Erfassung des Lohns und der Abgaben aus der Aufgabe 65. Frau Maez erhält den Lohn am Monatsende bar ausgezahlt, die pauschalen Abgaben sind noch nicht bezahlt.

Sollkonto Bezeichnung	SKR 03 (SKR 04) Kontonummer	Betrag (Euro)	Habenkonto Bezeichnung	SKR 03 (SKR 04) Kontonummer

K. Sachanlagevermögen

1. Anschaffung

Aufgabe 67:

Der buchführungspflichtige Unternehmer Sven Brune, der zum Vorsteuerabzug berechtigt ist, kauft für sein Unternehmen am 30.06.2019 (= Anschaffungsdatum) einen neuen Computer auf Ziel. Der Listenpreis beträgt 1.200 € + 228 € USt.

Herr Brune erhält 10 % Rabatt vom Listenpreis und zieht bei der Bezahlung durch Banküberweisung 2 % Skonto vom Rechnungsendbetrag ab. Ordnungsgemäße Belege liegen vor.

Bilden Sie die Buchungssätze zur Erfassung der Anschaffung und Bezahlung des Computers. Die Eingangsrechnung über den Computerkauf und die Bezahlung sollen getrennt erfasst werden.

Notwendige Nebenrechnungen:

► Berechnung der Anschaffungskosten

► Berechnung des Überweisungsbetrags

Anschaffungskosten	Überweisungsbetrag

Sollkonto Bezeichnung	SKR 03 (SKR 04) Kontonummer	Betrag (Euro)	Habenkonto Bezeichnung	SKR 03 (SKR 04) Kontonummer

Aufgabe 68:

Der zum Vorsteuerabzug berechtigte Unternehmer Clever erwirbt ein Grundstück mit einem Geschäftsgebäude für sein Unternehmen. Die Bezahlung erfolgt durch Bankscheck. Der Kaufpreis beträgt 800.000 €; davon entfallen 160.000 € auf den Grund und Boden und 640.000 € auf das Gebäude. Die Grunderwerbsteuer (5 %) bezahlt Herr Clever per Banküberweisung.

Von dem Notar Dr. Gabedov erhält Herr Clever eine ordnungsgemäße Rechnung für die Grundbucheintragung mit folgenden Positionen (noch nicht bezahlt):

▸ verauslagte Grundbuchgebühr   600 €

▸ Notargebühr für Grundbucheintragung   900 €

▸ 19 % USt zur Notargebühr   171 €

Notwendige Nebenrechnung: Berechnung der Anschaffungskosten des Grund und Bodens und des Gebäudes. Bilden Sie die Buchungssätze zur Erfassung der vorgenannten Vorgänge in der nachfolgenden Tabelle.

Nebenrechnungen:

Sollkonto Bezeichnung	SKR 03 (SKR 04) Kontonummer	Betrag (Euro)	Habenkonto Bezeichnung	SKR 03 (SKR 04) Kontonummer

2. Herstellung

Aufgabe 69:

Der buchführungspflichtige und zum Vorsteuerabzug berechtigte Bauunternehmer Robert Depken hat von seinen Arbeitnehmern auf seinem Firmengrundstück die Zufahrt zu dem Geschäftsgebäude neu anlegen und pflastern lassen. Hierzu legt er Ihnen die folgenden Daten vor:

- dem Lager entnommenes Material (Schotter, Sand etc.)   6.500 €
- eingekauftes Material (Beton, Steine etc.)   8.300 € + USt
- Arbeitszeit der Arbeitnehmer (zusammengerechnet)   60 Stunden
- Bruttolohn/Stunde   18 €
- Materialgemeinkostensatz   25 %
- Fertigungsgemeinkostensatz   55 %

Die Zukäufe sind bereits bezahlt und auf dem Konto „3000 (5000) Aufwendungen für Roh-, Hilfs- und Betriebsstoffe" im Soll gebucht.

Bilden Sie den Buchungssatz zur Erfassung der neuen Zufahrt. Notwendige Nebenrechnung: Berechnung der handelsrechtlichen Herstellungskosten.

Nebenrechnungen:

Sollkonto Bezeichnung	SKR 03 (SKR 04) Kontonummer	Betrag (Euro)	Habenkonto Bezeichnung	SKR 03 (SKR 04) Kontonummer

3. Abschreibung

Aufgabe 70:

Die buchführungspflichtige und zum Vorsteuerabzug berechtigte Unternehmerin Sarah Lütgens erwirbt für ihr Unternehmen am 14.06.2019 (= Anschaffungsdatum) eine neue Büroeinrichtung auf Ziel. Der Listenpreis beträgt 8.500 € + 1.615 € USt. Der Verkäufer gewährt Frau Lütgens beim Kauf 5 % Rabatt vom Listenpreis, da Frau Lütgens bei Lieferung direkt per Bankscheck bezahlt.

Für den Aufbau der Büromöbel und den Anschluss der elektrischen Geräte berechnet der beauftragte Monteur Müller pauschal 500 € + 19 % USt (wird von Frau Lütgens nach dem erfolgten Aufbau auch direkt per Bankscheck bezahlt).

Die Nutzungsdauer der Büroeinrichtung beträgt 13 Jahre. Die Sonderabschreibung nach § 7g EStG kann nicht in Anspruch genommen werden.

Bilden Sie die Buchungssätze zur Erfassung der Anschaffung und Abschreibung der Büroeinrichtung für 2019 in der nachfolgenden Tabelle.

Notwendige Nebenrechnungen:

► Berechnung der Anschaffungskosten

► Berechnung des Abschreibungsbetrags

Nebenrechnungen:

Sollkonto Bezeichnung	SKR 03 (SKR 04) Kontonummer	Betrag (Euro)	Habenkonto Bezeichnung	SKR 03 (SKR 04) Kontonummer

4. Geringwertige Wirtschaftsgüter

Aufgabe 71:

Die buchführungspflichtige und zum Vorsteuerabzug berechtigte Unternehmerin Janina Bender erwirbt am 25.04.2019 einen Schreibtisch für das Büro ihres Unternehmens auf Ziel:

Schreibtisch „Komfort"	815,00 €
+ 19 % Umsatzsteuer	154,85 €
	969,85 €

Frau Bender bezahlt die Rechnung am 26.04.2019 unter Abzug von 2 % Skonto durch Banküberweisung.

Die Nutzungsdauer des Schreibtischs beträgt 12 Jahre. Die Abschreibung soll höchstmöglich erfolgen. Ein Sammelposten gem. § 6 Abs. 2a EStG wird für 2019 nicht gebildet.

Tragen Sie die notwendigen Buchungssätze zur Erfassung des vorgenannten Vorgangs (Anlagenzugang und Abschreibung) in die nachfolgende Tabelle ein.

Sollkonto Bezeichnung	SKR 03 (SKR 04) Kontonummer	Betrag (Euro)	Habenkonto Bezeichnung	SKR 03 (SKR 04) Kontonummer

Aufgabe 72:

Der buchführungspflichtige und zum Vorsteuerabzug berechtigte Unternehmer Niklas Schumann erwirbt am 29.12.2019 (= Lieferdatum) für das Büro seines Unternehmens ein neues Bücherregal:

Bücherregal „Modern"   870,00 €
+ 19 % Umsatzsteuer   165,30 €
                           1.035,30 €

Herr Schumann bezahlt die Rechnung direkt bei Lieferung unter Abzug von 2 % Skonto bar.

Die Nutzungsdauer des Bücherregals beträgt 13 Jahre. Die Abschreibung soll höchstmöglich erfolgen. Geringwertige Wirtschaftsgüter gem. § 6 Abs. 2 EStG hat Herr Schumann in 2019 nicht angeschafft.

Tragen Sie die notwendigen Buchungssätze zur Erfassung des vorgenannten Vorgangs (Anlagenzugang und Abschreibung) in die nachfolgende Tabelle ein.

Sollkonto Bezeichnung	SKR 03 (SKR 04) Kontonummer	Betrag (Euro)	Habenkonto Bezeichnung	SKR 03 (SKR 04) Kontonummer

5. Anlagenverkauf

Aufgabe 73:

Die zum Vorsteuerabzug berechtigte buchführungspflichtige Unternehmerin Diana Hirt, Koblenz, verkauft am 01.02.2019 eine ihrer Maschinen für 8.500 € + 1.615 € USt gegen Bankscheck.

Frau Hirt hatte die Maschine am 01.07.2014 für 19.200 € + 3.648 € USt angeschafft. Die Nutzungsdauer beträgt 8 Jahre. Die Abschreibung erfolgt linear.

Berechnen Sie den Restbuchwert der Maschine zum Zeitpunkt des Anlagenabgangs auf einem separaten Blatt und tragen Sie den Zahlungseingang, die zeitanteilige Abschreibung für 2019 und den Anlagenabgang der Maschine in die nachfolgende Buchungstabelle ein.

Sollkonto Bezeichnung	SKR 03 (SKR 04) Kontonummer	Betrag (Euro)	Habenkonto Bezeichnung	SKR 03 (SKR 04) Kontonummer

Die zum Vorsteuerabzug berechtigte buchführungspflichtige Unternehmerin Christina Redekop, Koblenz, verkauft am 01.07.2019 einen betrieblichen Pkw für 6.000 € + 1.140 € USt gegen Bankscheck.

Frau Redekop hatte den Pkw am 15.10.2015 für 24.000 € + 4.560 € USt angeschafft. Die Nutzungsdauer beträgt 6 Jahre. Die Abschreibung erfolgt linear.

Berechnen Sie den Restbuchwert des Pkw zum Zeitpunkt des Anlagenabgangs auf einem separaten Blatt und tragen Sie die zeitanteilige Abschreibung für 2019, den Anlagenabgang und den Zahlungseingang aus dem Anlagenverkauf in die nachfolgende Buchungstabelle ein.

Sollkonto Bezeichnung	SKR 03 (SKR 04) Kontonummer	Betrag (Euro)	Habenkonto Bezeichnung	SKR 03 (SKR 04) Kontonummer

6. Anlagenkauf mit Inzahlunggabe

Der zum Vorsteuerabzug berechtigte buchführungspflichtige Unternehmer Lutz Weber, Koblenz, erwirbt am 06.04.2019 bei dem Autohaus Schröder in Vallendar einen neuen betrieblichen Pkw für 36.500 € + 6.935 € USt auf Ziel. Die betriebsgewöhnliche Nutzungsdauer beträgt 4 Jahre.

Herr Weber gibt einen gebrauchten Pkw seines Unternehmens am 05.04.2019 beim Autohaus Schröder für 3.000 € + 570 € in Zahlung. Herr Weber hatte diesen Pkw am 05.11.2015 für 32.000 € + 6.080 € USt angeschafft. Die betriebsgewöhnliche Nutzungsdauer beträgt 4 Jahre. Die Abschreibung erfolgt linear.

Herr Weber bezahlt den verbleibenden Restbetrag für den neuen Pkw durch Banküberweisung.

Tragen Sie alle notwendigen Buchungssätze zur Erfassung des vorgenannten Sachverhalts für 2017 in die nachfolgende Buchungstabelle ein. Erstellen Sie die notwendigen Nebenrechnungen bitte auf einem separaten Blatt Papier.

Sollkonto Bezeichnung	SKR 03 (SKR 04) Kontonummer	Betrag (Euro)	Habenkonto Bezeichnung	SKR 03 (SKR 04) Kontonummer

L. Darlehen und Schuldzinsen
1. Darlehen ohne Disagio
Aufgabe 76:

Die Gewerbetreibende Angelika Reger nimmt am 30.11.2019 für ihren Gewerbebetrieb ein Darlehen in Höhe von 25.000 € bei ihrer Bank auf. Die Auszahlung des Darlehens erfolgt auf das betriebliche Bankkonto. Frau Reger muss das Darlehen am 30.11.2021 in einem Betrag zurückzahlen. Der vereinbarte Zinssatz beträgt 4 % p. a. Die Zinsen für 2019 werden zum 31.12.2019 von Frau Regers Bankkonto abgebucht.

Die Berechnung der Zinsen erfolgt nach der kaufmännischen Zinsrechnung.

Tragen Sie die Buchungssätze zur Erfassung des vorgenannten Sachverhalts für 2019 in die nachfolgende Buchungstabelle ein. Erstellen Sie die notwendigen Nebenrechnungen bitte auf einem separaten Blatt Papier.

Sollkonto Bezeichnung	SKR 03 (SKR 04) Kontonummer	Betrag (Euro)	Habenkonto Bezeichnung	SKR 03 (SKR 04) Kontonummer

Aufgabe 77:

Die Gewerbetreibende Chiara Johann nimmt am 10.07.2019 für ihren Gewerbebetrieb ein Fälligkeitsdarlehen in Höhe von 18.000 € bei ihrer Bank auf. Die Auszahlung des Darlehens erfolgt auf das betriebliche Bankkonto. Die Rückzahlung soll am 28.07.2020 erfolgen. Der vereinbarte Zinssatz beträgt 3,5 % p. a. Die Zinsen werden jeweils zum Monatsende von Frau Johanns Bankkonto abgebucht.

Die Berechnung der Zinsen erfolgt nach der kaufmännischen Zinsrechnung.

Tragen Sie die Buchungssätze zur Erfassung des vorgenannten Sachverhalts für Juli 2019 in die nachfolgende Buchungstabelle ein. Erstellen Sie die notwendigen Nebenrechnungen bitte auf einem separaten Blatt Papier.

Sollkonto Bezeichnung	SKR 03 (SKR 04) Kontonummer	Betrag (Euro)	Habenkonto Bezeichnung	SKR 03 (SKR 04) Kontonummer

2. Darlehen mit Disagio
Aufgabe 78:

Zur Finanzierung einer neuen Maschine nimmt der Gewerbetreibende Martin Oswald ein Darlehen in Höhe von 100.000 € bei seiner Bank auf. Das Darlehen wird zum 31.10.2019 zu 96 % an Herrn Oswald ausgezahlt und über eine Laufzeit von 5 Jahren mit 1,5 % p. a. verzinst. Die Zinsen werden nachträglich erstmals am 31.01.2020 von Herrn Oswalds Bankkonto abgebucht. Das Darlehen soll am Ende der Laufzeit von Herrn Oswald in einer Summe getilgt werden.

Tragen Sie die Buchungssätze zur Erfassung des vorgenannten Sachverhalts für 2019 in die nachfolgende Buchungstabelle ein. Erstellen Sie die notwendigen Nebenrechnungen bitte auf einem separaten Blatt Papier.

Sollkonto Bezeichnung	SKR 03 (SKR 04) Kontonummer	Betrag (Euro)	Habenkonto Bezeichnung	SKR 03 (SKR 04) Kontonummer

M. Steuerliche Besonderheiten bei den laufenden Buchungen

1. Zinserträge

Der buchführungspflichtige Einzelunternehmer Thomas Weiber legt am 01.07.2019 einen betrieblichen Finanzmittelüberschuss in Höhe von 80.000 € in ein festverzinsliches Wertpapier mit einer Laufzeit von 3 Jahren an, das mit 1,5 % p. a. verzinst wird. Die Zinsen werden jeweils zum 31.12. und 30.06 eines Jahres auf das Girokonto von Herrn Weiber ausgezahlt.

Berechnen Sie die Zinsen, die Herr Weiber zum 31.12.2019 ausgezahlt bekommt und tragen Sie die erforderlichen Buchungssätze zur Erfassung der Zinsen zum 31.12.2019 in die nachfolgende Buchungstabelle ein. Für die Berechnung der Zinsen wird die kaufmännische Zinsrechnung angewendet.

Sollkonto Bezeichnung	SKR 03 (SKR 04) Kontonummer	Betrag (Euro)	Habenkonto Bezeichnung	SKR 03 (SKR 04) Kontonummer

2. Dividendenerträge

Der buchführungspflichtige Einzelunternehmer Henning Schirra hat im Juli 2018 einen betrieblichen Finanzmittelüberschuss in Höhe von 30.000 € in Aktien der Bau AG angelegt (Finanzanlage). Am 31.05.2019 schüttet die Bau AG an Herrn Schirra eine Bardividende (vor Abzug von KapESt und SolZ) in Höhe von 3.300 € aus. Herr Schirra erhält die Nettodividende auf seinem betrieblichen Girokonto gutgeschrieben. Über die Steuerabzüge erhält er von der Bau AG eine Bescheinigung.

Berechnen Sie die Auszahlung, die Herr Schirra am 31.05.2019 auf seinem Girokonto erhält und tragen Sie die erforderlichen Buchungssätze zur Erfassung der Dividende in die nachfolgende Buchungstabelle ein.

Sollkonto Bezeichnung	SKR 03 (SKR 04) Kontonummer	Betrag (Euro)	Habenkonto Bezeichnung	SKR 03 (SKR 04) Kontonummer

3. Innergemeinschaftlicher Erwerb von Waren

Aufgabe 81:

Norbert Wirges ist Inhaber eines Großhandelsunternehmens für Medikamente in Koblenz. Er ist Unternehmer im Sinne des § 2 UStG. Seine Umsätze unterliegen dem allgemeinen Steuersatz.

Herr Wirges kauft am 24.07.2019 bei einem Hersteller in Metz (Frankreich) Medikamente für zusammengerechnet 8.000 € (netto) auf Ziel. Alle buch- und belegmäßigen Nachweise sind ordnungsgemäß erbracht.

Herr Wirges bezahlt die Medikamente am 01.08.2019 unter Abzug von 2 % Skonto durch Banküberweisung.

Bilden Sie die Buchungssätze für Herrn Wirges zum 24.07.2019 (Rechnungseingang) und zum 01.08.2019 (Bezahlung) in den nachfolgenden Tabellen.

Wareneinkauf:

Sollkonto Bezeichnung	SKR 03 (SKR 04) Kontonummer	Betrag (Euro)	Habenkonto Bezeichnung	SKR 03 (SKR 04) Kontonummer

Bezahlung:

Sollkonto Bezeichnung	SKR 03 (SKR 04) Kontonummer	Betrag (Euro)	Habenkonto Bezeichnung	SKR 03 (SKR 04) Kontonummer

4. Innergemeinschaftliche Lieferung und Ausfuhr in das Drittlandsgebiet

Aufgabe 82:

Der Unternehmer Jonas Mohr betreibt in Koblenz ein Computerfachgeschäft. Am 30.11.2019 verkauft Herr Mohr 10 Computer für zusammengerechnet 5.000 € (netto) an den Unternehmer Poiré in Brüssel auf Ziel. Herr Poiré verwendet die Rechner für sein Unternehmen in Brüssel.

Die Rechnung an Herrn Poiré vom 30.11.2019 enthält alle erforderlichen Angaben.

Herr Poiré bezahlt die Rechnung am 08.12.2019 vereinbarungsgemäß unter Abzug von 2 % Skonto durch Banküberweisung.

Bilden Sie die Buchungssätze für Herrn Mohr zum 30.11.2019 (Rechnungsausgang) und zum 08.12.2019 (Zahlungseingang) in den nachfolgenden Tabellen.

Warenverkauf:

Sollkonto Bezeichnung	SKR 03 (SKR 04) Kontonummer	Betrag (Euro)	Habenkonto Bezeichnung	SKR 03 (SKR 04) Kontonummer

Bezahlung:

Sollkonto Bezeichnung	SKR 03 (SKR 04) Kontonummer	Betrag (Euro)	Habenkonto Bezeichnung	SKR 03 (SKR 04) Kontonummer

Aufgabe 83:

Herr Mohr (siehe Aufgabe 82), verkauft am 28.11.2019 20 Computer für zusammengerechnet 9.000 € (netto) an den Unternehmer Züsset in Zürich auf Ziel.

Die Rechnung an Herrn Züsset und die Lieferung vom 28.11.2019 enthalten alle erforderlichen Angaben.

Herr Züsset bezahlt die Rechnung am 05.12.2019 vereinbarungsgemäß unter Abzug von 3 % Skonto durch Banküberweisung.

Bilden Sie die Buchungssätze für Herrn Mohr zum 28.11.2019 (Rechnungsausgang) und zum 05.12.2019 (Zahlungseingang) in den nachfolgenden Tabellen.

Warenverkauf:

Sollkonto Bezeichnung	SKR 03 (SKR 04) Kontonummer	Betrag (Euro)	Habenkonto Bezeichnung	SKR 03 (SKR 04) Kontonummer

Bezahlung:

Sollkonto Bezeichnung	SKR 03 (SKR 04) Kontonummer	Betrag (Euro)	Habenkonto Bezeichnung	SKR 03 (SKR 04) Kontonummer

5. Geschenke aus betrieblichem Anlass

Aufgabe 84:

Michael Matjev betreibt in Koblenz ein Großhandelsunternehmen für Computerzubehör. Herr Matjev ist buchführungspflichtig nach § 238 HGB und zum Vorsteuerabzug berechtigt.

Sie erhalten die Aufgabe, die nachfolgend dargestellten Geschäftsvorfälle in Herrn Matjevs Buchhaltung zu erfassen. Es wird unterstellt, dass alle belegmäßigen Nachweise ordnungsgemäß erbracht sind.

1. Herr Matjev kauft am 12.12.2019 bei dem Winzer Löwenstein in Winningen (Mosel) für seine guten Kunden 20 Geschenkkartons mit Moselweinen für jeweils 30 € + 19 % USt auf Ziel; Rechnung des Weinhändlers: 600 € + 114 € USt = 714 €. Herr Matjev verschenkt die Moselweine an seine Kunden zu Weihnachten (je Kunde ein Karton).

2. Weiterhin kauft Herr Matjev am 12.12.2019 bei dem Winzer Löwenstein 10 Kisten Auslese für zusammen 650 € + 19 % USt auf Ziel (65 € netto je Kiste). Er verschenkt die Weinkisten als Werbegeschenke an seine besonders guten Kunden.

3. Für den Ausschank bei Besprechungen mit Lieferanten und Kunden in seinem Unternehmen in Koblenz kauft Herr Matjev bei dem Winzer Löwenstein eine Kiste Rieslingsekt für 120 € (6 Flaschen à 20 € netto) + 22,80 € USt auf Ziel.

Bilden Sie die Buchungssätze zu den vorgenannten Geschäftsvorfällen in einer Buchungstabelle (siehe Kopiervorlage im Anhang).

6. Bewirtungsaufwendungen

Aufgabe 85:

1. Der Unternehmer Matjev (siehe Aufgabe 84) lädt am 13.12.2019 einen Lieferanten im Rahmen einer Auftragsbesprechung zum Mittagessen in ein Restaurant in Koblenz ein. Herr Matjev bezahlt 80 € + 15,20 € USt bar. Alle belegmäßigen Nachweise sind ordnungsgemäß erbracht.

2. Am 14.12.2019 bespricht Herr Matjev mit einem Kunden in einem Nobelrestaurant in Koblenz einen Auftrag. Herr Matjev bezahlt die Rechnung in Höhe von 300 € + 57 € USt mit der Geldkarte seines Unternehmens. Die Hälfte der Aufwendungen ist als unangemessen anzusehen. Alle belegmäßigen Nachweise sind ordnungsgemäß erbracht.

Bilden Sie die Buchungssätze zu den vorgenannten Geschäftsvorfällen in einer Buchungstabelle (siehe Kopiervorlage im Anhang).

7. Fahrten zwischen Wohnung und erster Betriebsstätte

Aufgabe 86:

Dietmar Kneip ist Inhaber einer Buchbinderei in Koblenz. Herr Kneip ist buchführungspflichtig nach § 238 HGB und zum Vorsteuerabzug berechtigt.

Herr Kneip nutzt den betrieblichen Pkw, der nachweislich zum notwendigen Betriebsvermögen der Buchbinderei gehört, auch für Privatfahrten und für Fahrten zwischen Wohnung und Betrieb. Ein Fahrtenbuch wird für dieses Fahrzeug nicht geführt.

Herr Kneip hatte den Pkw, der laut Händlerliste 33.550 € (brutto 19 %) kosten sollte, im Dezember 2018 für 24.500 € + 4.655 € USt für sein Unternehmen angeschafft und die Anschaffung und Abschreibung ordnungsgemäß gebucht.

In 2019 ist Herr Kneip mit diesem Pkw an 230 Tagen zwischen seiner Wohnung und der ersten Betriebsstätte (je Fahrt 10 km einfache Entfernung) gefahren.

Die Privatfahrten und die Fahrten zwischen Wohnung und Betrieb (= erste Betriebsstätte) sind für 2019 noch zu erfassen.

Berechnen Sie die Privatentnahme und die nichtabzugsfähigen Betriebsausgaben für 2019 (Jahreswerte) auf einem separaten Blatt und tragen Sie die Buchungssätze in eine Buchungstabelle ein (siehe Kopiervorlage im Anhang).

Aufgabe 87:

Ralf Godde ist Inhaber einer Werbeagentur in Bonn. Herr Godde ist buchführungspflichtig nach § 238 HGB und zum Vorsteuerabzug berechtigt.

Herr Godde nutzt den betrieblichen Pkw, der zum Betriebsvermögen der Werbeagentur gehört, auch für Fahrten zwischen Wohnung und Betrieb. Für dieses Fahrzeug wird ein Fahrtenbuch ordnungsgemäß geführt.

Aus dem Fahrtenbuch sind für 2019 folgende Daten zu entnehmen:

- ► gesamte Kfz-Kosten dieses Pkw   5.846 €
  davon   mit Vorsteuerabzug   4.646 €
            ohne Vorsteuerabzug   1.200 €
- ► insgesamt gefahren: 19.658 km
- ► Fahrten zwischen Wohnung und erster
  Betriebsstätte: 230 Fahrten • 22 km (hin und
  zurück) [in den Gesamtkilometern enthalten]   5.060 km

Für 2019 sind die Fahrten zwischen Wohnung und erster Betriebsstätte noch zu berücksichtigen (die Privatfahrten sind bereits erfasst).

Berechnen Sie die nichtabzugsfähigen Betriebsausgaben für die Fahrten zwischen Wohnung und erster Betriebsstätte auf einem separaten Blatt Papier und bilden Sie den Buchungssatz zur Erfassung in der Buchführung.

8. Reisekosten

Aufgabe 88:

Sandra Steffens ist Inhaberin einer Buchhandlung in Koblenz. Frau Steffens ist buchführungspflichtig nach § 238 HGB und zum Vorsteuerabzug berechtigt.

Sie erhalten die Aufgabe, die nachfolgend dargestellte Reise in Frau Steffens Buchhaltung zu erfassen. Es wird unterstellt, dass alle buch- und belegmäßigen Nachweise ordnungsgemäß erbracht sind.

Vom 11. - 13.10.2019 besuchte Frau Steffens die Buchmesse in Frankfurt. Sie ist mit ihrem privaten Pkw zur Buchmesse gefahren (Entfernung von Koblenz: 140 km); Abfahrt am 11.10. um 8:00 Uhr und Rückkehr am 13.10. um 17:15 Uhr.

Frau Steffens hat im Mercure Hotel in Frankfurt übernachtet. Die Rechnung lautet auf ihren Namen, beträgt 214 € (brutto 7 % USt) und wurde mit der Geldkarte der Buchhandlung bezahlt. Frau Steffens hat nicht im Hotel, sondern auf der Buchmesse gefrühstückt. Auch die anderen Mahlzeiten hat Frau Steffens auf der Buchmesse eingenommen.

An Verpflegungskosten weist Frau Steffens für diese Reise insgesamt 152,92 € nach (alle Belege brutto 19 % und bar bezahlt).

Berechnen Sie die Reisekosten auf einem separaten Blatt und tragen Sie die Buchungssätze dazu in eine Buchungstabelle ein (siehe Kopiervorlage im Anhang). Nebenrechnungen sind vollständig anzugeben.

9. Steuern und steuerliche Nebenleistungen

Aufgabe 89:

Anne Kathrin-Heuser ist Inhaberin einer Buchhandlung in Koblenz. Frau Heuser ist buchführungspflichtig nach § 238 HGB.

Sie erhalten die Aufgabe, die nachfolgend dargestellten Zahlungen in Frau Heusers Buchhaltung zu erfassen.

1. Frau Heuser überweist von ihrem betrieblichen Bankkonto die folgenden Beträge an das Finanzamt:
   a) Einkommensteuervorauszahlung 2/2019   2.100,00 €
   b) Solidaritätszuschlag zur ESt-Vorauszahlung   115,50 €
   c) Kfz-Steuer für einen betrieblichen Pkw   250,00 €
2. Die Stadtkasse Koblenz bucht von Frau Heusers Bankkonto die Gewerbesteuer-Vorauszahlung für das 2. Quartal in Höhe von 1.500 € ab.
3. Wegen wiederholt verspäteter Abgabe der USt-Voranmeldung setzt das Finanzamt einen Verspätungszuschlag in Höhe von 100 € gegen Frau Heuser fest. Sie überweist den Betrag vom betrieblichen Bankkonto an die Finanzkasse.
4. Für die verspätete Zahlung der Umsatzsteuer-Abschlusszahlung muss Frau Heuser einen Säumniszuschlag in Höhe von 50 € bezahlen. Sie überweist den Betrag vom betrieblichen Bankkonto an die Finanzkasse.

Tragen Sie die Buchungssätze zu dem vorgenannten Sachverhalt in eine Buchungstabelle ein (siehe Kopiervorlage im Anhang).

N. Einführung in die Jahresabschlusserstellung

1. Rechtsgrundlagen

Aufgabe 90:

Welche Rechtsgrundlagen (Paragrafen, Gesetze) sind für die Erstellung des Jahresabschlusses eines Gewerbebetriebs, der als Einzelunternehmen oder Personengesellschaft betrieben wird und buchführungspflichtig ist, insbesondere zu beachten? Tragen Sie die einschlägigen Rechtsgrundlagen in die nachfolgende Tabelle ein.

Handelsrecht („Handelsbilanz")	Steuerrecht („Steuerbilanz")

2. Bestandteile des Jahresabschlusses

Aufgabe 91:

Welche Mindestbestandteile hat der Jahresabschluss

a) eines Einzelunternehmens/einer Personenhandelsgesellschaft, bei der mindestens eine natürliche Person voll haftet?

b) einer Kapitalgesellschaft (z. B. GmbH)?

Geben Sie auch die zugehörigen Rechtsgrundlagen mit an.

Mindestbestandteile des Jahresabschlusses einer Einzelunternehmung/Personenhandelsgesellschaft	Mindestbestandteile des Jahresabschlusses einer Kapitalgesellschaft

Aufgabe 92:

Welche der nachfolgend aufgeführten Aussagen gehören zum Anhang und welche zum Lagebericht einer Kapitalgesellschaft? Ordnen sie die Aussagen in der nachfolgenden Tabelle richtig zu.

► Wirtschaftlichkeitsbericht, in dem der Geschäftsverlauf, das Geschäftsergebnis und die Entwicklung des Unternehmens dargestellt werden.

► Werte der Bilanz und der Gewinn- und Verlustrechnung werden kommentiert bzw. genauer erläutert.

► Enthält Angaben zu den im Jahresabschluss angewendeten Bilanzansatz- und Bewertungswahlrechten.

► Enthält freiwillige Informationen und Angaben zur Selbstdarstellung (z. B. Umweltbilanz des Unternehmens).

► Enthält in der Regel den Anlagenspiegel gem. § 268 Abs. 2 HGB.

► Gehört nicht zum Jahresabschluss.

► Gehört zum Jahresabschluss einer Kapitalgesellschaft.

Anhang	Lagebericht

O. Grundlagen der Bewertung

1. Bewertungsmaßstäbe

Aufgabe 93:

Die zum Vorsteuerabzug berechtigte buchführungspflichtige Gewerbetreibende Linda Panny erwirbt für das Lager ihres Unternehmens am 01.08.2019 (= Lieferdatum) einen neuen Elektro-Hubwagen für 2.350 € + 446,50 € USt.

Der alte Hubwagen, der einen Buchwert von 1 € hat, wird vom Verkäufer des neuen Hubwagens für 100 € + 19 € USt in Zahlung genommen und auf den Kaufpreis angerechnet.

Frau Panny überweist die Restverbindlichkeit an den Lieferanten am 04.08.2019 unter Abzug von 2 % Skonto durch Banküberweisung.

Für die Anlieferung erhält Frau Panny von der Spedition eine Rechnung in Höhe von 75 € + 19 % USt. Diese Rechnung ist noch offen.

Berechnen Sie die Anschaffungskosten des neuen Hubwagens in einer übersichtlichen Darstellung auf einem separaten Blatt Papier.

Aufgabe 94:

Der zum Vorsteuerabzug berechtigte Unternehmer Müller kauft ein bebautes Grundstück (mit einer Lagerhalle) für sein Unternehmen in Koblenz. Die Bezahlung erfolgt durch Bankscheck. Der Kaufpreis beträgt 450.000 €; davon entfallen 153.000 € auf den Grund und Boden und 297.000 € auf die Lagerhalle. Die Grunderwerbsteuer (5 %) bezahlt Herr Müller per Banküberweisung.

Von dem Notar Frank Schnurr erhält Herr Müller eine ordnungsgemäße Rechnung für die Grundbucheintragung mit folgenden Positionen (noch nicht bezahlt):

► verauslagte Grundbuchgebühr   450 €
► Notargebühr für Grundbucheintragung   700 €
► 19 % USt zum Honorar   133 €

Der gesamte Vorgang ist noch nicht erfasst.

Ermitteln Sie die Anschaffungskosten des Grund und Bodens und der Lagerhalle in einer übersichtlichen Aufstellung auf einem separaten Blatt Papier und bilden Sie die Buchungssätze zur Erfassung der Anschaffung des bebauten Grundstücks in einer Buchungstabelle (siehe Kopiervorlage im Anhang).

Aufgabe 95:

Der zum Vorsteuerabzug berechtigte Bauunternehmer Gilles lässt auf dem eigenen bebauten Betriebsgrundstück durch eigene Mitarbeiter eine Lkw-Halle (Garage) bauen. Aus den Ihnen vorliegenden Unterlagen sind die folgenden Daten zu entnehmen:

► Fertigungsmaterial   68.750 € + 19 % USt
► Fertigungslöhne   27.800 €
► Materialgemeinkostenzuschlag   22 %
► Fertigungsgemeinkostenzuschlag   68 %
► anteilige allgemeine Verwaltungsgemeinkosten   500 €
► Architektenhonorar   3.900 € + 19 % USt
► Baugenehmigung   450 €

Alle aufgeführten Aufwendungen wurden auf den entsprechenden Aufwandskonten richtig erfasst. Die Vorsteuerbeträge wurden auch bereits richtig erfasst.

Ermitteln Sie in einer übersichtlichen Aufstellung

a)   die Wertuntergrenze der Herstellungskosten nach HGB und

b)   die Wertuntergrenze der Herstellungskosten nach EStG und

bilden Sie den Buchungssatz zur Aktivierung der Halle mit dem bei a) ermittelten Wert.

Sollkonto Bezeichnung	SKR 03 (SKR 04) Kontonummer	Betrag (Euro)	Habenkonto Bezeichnung	SKR 03 (SKR 04) Kontonummer

2. Wichtige Bewertungsregeln

Aufgabe 96:

Der buchführungspflichtige Gewerbetreibende Philipp Pohl erwirbt die Ware XY am 16.10.2019 für 1.200 € + USt für seinen Betrieb. Am 31.12.2019 liegt diese Ware noch im Lager und ist in der Buchführung mit diesem Wert im Bestand auf dem Konto „Warenbestand 3980 (1140)" enthalten. Laut aktueller Preisliste soll die Ware für 2.000 € + USt verkauft werden.

Zum Jahresende hat die „XY-Ware" einen erheblichen Preisanstieg erfahren. Würde die im Lager liegende Ware zum 31.12.2019 neu eingekauft, müsste Herr Pohl für dieselbe Ware, die im Lager liegt, 1.400 € + USt bezahlen. Zum Zeitpunkt der Bilanzerstellung im Mai 2020 liegt der Einkaufspreis dieser Ware sogar bei 1.500 € + USt.

Wählen Sie für den geschilderten Sachverhalt den richtigen Wertansatz in der Handelsbilanz zum 31.12.2019 aus und geben Sie die zutreffende Rechtsgrundlage für die Bewertung an.

Aufgabe 97:

Geben Sie an, ob die nachfolgenden Aussagen zum Niederstwertprinzip gem. § 253 Abs. 3 und 4 HGB richtig oder falsch sind (bitte ankreuzen).

Aussage	richtig	falsch
Wenn zwischen verschiedenen Wertansätzen eines Vermögensgegenstandes das Wahlrecht besteht, den niedrigsten Wert ansetzen zu dürfen, aber nicht zu müssen (z. B. bei Finanzanlagen), spricht man vom strengen Niederstwertprinzip.		
Wenn zwischen verschiedenen Wertansätzen eines Vermögensgegenstandes die Pflicht besteht, den niedrigsten Wert ansetzen zu müssen (z. B. bei Vermögensgegenständen des Umlaufvermögens), spricht man vom strengen Niederstwertprinzip.		
Das strenge Niederstwertprinzip gilt immer für Vermögensgegenstände des Anlagevermögens.		
Das strenge Niederstwertprinzip gilt immer für Vermögensgegenstände des Umlaufvermögens.		
Wenn zwischen verschiedenen Wertansätzen eines Vermögensgegenstandes ein Wahlrecht besteht, den niedrigsten Wert ansetzen zu dürfen, aber nicht zu müssen (z. B. bei Finanzanlagen), spricht man vom gemilderten Niederstwertprinzip.		
Bei Vermögensgegenständen des Umlaufvermögens (z. B. bei Vorräten) hat der Bilanzierende beim Vorliegen verschiedener möglicher Wertansätze das Wahlrecht, ob er die erfassten Anschaffungskosten oder den niedrigeren Tageswert (Marktwert) zum Bilanzstichtag ansetzt.		
Wenn der Marktwert eines Vermögensgegenstandes des Anlagevermögens zum Bilanzstichtag auf Dauer niedriger ist als dessen Buchwert, kann der Bilanzierende wählen, ob er in der Bilanz den Buchwert oder den niedrigeren Marktwert ansetzt.		
Wenn der Marktwert eines Vermögensgegenstandes des Anlagevermögens zum Bilanzstichtag auf Dauer niedriger ist als dessen Buchwert, muss der Bilanzierende in der Bilanz den niedrigeren Marktwert ansetzen.		

Aufgabe 98:

Geben Sie für die nachfolgenden Situationen an, ob § 6 Abs. 1 Nr. 1 und 2 EStG die Abschreibung auf den niedrigeren Teilwert erlaubt (= steuerliches Abschreibungswahlrecht) oder verbietet (= steuerliches Abschreibungsverbot).

Nennen Sie für jeden der drei Fälle, ob ein

► „Abschreibungswahlrecht" oder

► „Abschreibungsverbot"

vorliegt und geben Sie jeweils eine Kurzbegründung zu der gewählten Antwort.

1. Im Warenbestand der Einzelhändlerin Antonia Maurer befindet sich zum 31.12. der Warenposten „ABC", der auf dem Konto „Warenbestand 3980 (1140)" mit den Anschaffungskosten in Höhe von 6.750 € (netto) erfasst ist. Durch ein vorübergehendes Überangebot dieser Ware auf dem Markt liegt der Wiederbeschaffungswert zum 31.12. bei 5.250 € (netto). Zum Zeitpunkt der Bilanzerstellung im Mai des Folgejahres ist die Ware „ABC" noch im Warenbestand. Der Wert hat sich bis zu diesem Zeitpunkt wieder erholt (der Wiederbeschaffungswert liegt dann bei 6.800 € netto).

2. Im Warenbestand der Einzelhändlerin Sarah Ritzdorf befindet sich zum 31.12. der Warenposten „XYZ", der auf dem Konto „Warenbestand 3980 (1140)" mit den Anschaffungskosten in Höhe von 9.680 € erfasst ist. Durch ein vorübergehendes Überangebot dieser Ware auf dem Markt liegt der Wiederbeschaffungswert zum 31.12. bei 7.500 € (netto). Zum Zeitpunkt der Bilanzerstellung im April des Folgejahres ist die Ware „XYZ" noch im Warenbestand. Der Wert hat sich bis zu diesem Zeitpunkt nicht wieder erholt (der Wiederbeschaffungswert liegt immer noch bei 7.500 €).

3. Ein Grundstück, das sich mit einem Wert von 198.000 € (= AK) im Betriebsvermögen der Gewerbetreibenden Britta Igelmund befindet, darf für einen Zeitraum von 5 Jahren nicht bebaut werden. Danach ist eine
   Bebauung wieder zulässig. Für den Zeitraum des Bebauungsverbotes sinkt der Wert des Grundstücks auf
   130.000 € (inkl. Anschaffungsnebenkosten).

Zu
1.

Zu
2.

Zu
3.

P. Zeitliche Abgrenzung von Aufwendungen und Erträgen

1. Aktive Rechnungsabgrenzung

Aufgabe 99:

Bei der buchführungspflichtigen und zum Vorsteuerabzug berechtigten Gewerbetreibenden Janine Fischer ereignen sich 2019 die folgenden Geschäftsvorfälle:

1. Die Einbruch-, Diebstahl-, und Feuerversicherung für den Betrieb in Höhe von 2.400 € bezahlt Frau Fischer am 31.03.2019 durch Banküberweisung für ein Jahr (Versicherungszeitraum: 01.04.2019 - 31.03.2020).

2. Die Kfz-Versicherung für den betrieblichen Pkw in Höhe von 900 € bezahlt Frau Fischer am 14.08.2019 durch Banküberweisung für ein halbes Jahr (Versicherungszeitraum: 16.08.2019 - 15.02.2020).

3. Die Miete für die Geschäftsräume beträgt monatlich 1.000 € + 190 € USt. Frau Fischer überweist am 01.12.2019 für Dezember und Januar zusammen 2.380 € an den Vermieter. Ein ordnungsgemäßer Mietvertrag mit USt-Ausweis liegt vor.

Bilden Sie die erforderlichen Buchungssätze zur Erfassung der Geschäftsvorfälle einschließlich der korrekten zeitlichen Abgrenzung in einer Buchungstabelle (siehe Kopiervorlage im Anhang). Es wurde noch nichts gebucht.

2. Passive Rechnungsabgrenzung

Aufgabe 100:

Der buchführungspflichtige Steuerpflichtige Lutz Weber betreibt in Winningen (Mosel) eine Werbeagentur. 2019 ereignen sich folgende Geschäftsvorfälle:

1. Für ein von Herrn Weber umsatzsteuerpflichtig vermietetes Büro in dem eigenen betrieblichen Bürogebäude geht am 02.12.2019 die Miete für Dezember und Januar auf dem Bankkonto ein. Die monatliche Miete beträgt 1.000 € + USt.

2. Herr Weber gewährt der Gewerbetreibenden Antonia Maurer zum 15.12.2019 ein Darlehen in Höhe von 20.000 €, das am 14.12.2020 zurückzuzahlen ist und mit 6 % p. a. verzinst wird. Die Zinsen sind vierteljährlich im Voraus zu bezahlen. Am 15.12.2019 erhält Herr Weber von Frau Maurer die Zinsen für die ersten drei Darlehensmonate per Banküberweisung.

Bilden Sie die erforderlichen Buchungssätze zur Erfassung der Geschäftsvorfälle einschließlich der korrekten zeitlichen Abgrenzung in einer Buchungstabelle (siehe Kopiervorlage im Anhang). Es wurde noch nichts gebucht.

3. Sonstige Forderungen und Verbindlichkeiten

Aufgabe 101:

Die buchführungspflichtige und zum Vorsteuerabzug berechtigte Unternehmerin Janina Bender betreibt in Koblenz ein Einzelhandelsgeschäft für Haushaltswaren und Elektroartikel. 2019 ereignen sich bei ihr folgende Geschäftsvorfälle:

1. Bei der Sparkasse Koblenz hat Frau Bender ein betriebliches Hypothekendarlehen, das von ihr durch monatliche Zahlungen in Höhe von 1.000 € getilgt wird. Die Zinsen für das Hypothekendarlehen werden zusätzlich zu der Tilgung monatlich nachschüssig von Frau Benders Bankkonto abgebucht. Am 02.01.2020 wird ihr Bankkonto mit 1.355,45 € belastet (davon 355,45 € Zinsen für Dezember 2019).

2. Frau Bender bezahlt die Dezembermiete 2019 für ihr Ladenlokal, das sie für monatlich 1.500 € + 285 € USt gemietet hat, am 02.01.2020 durch Banküberweisung. Die USt ist im Mietvertrag ordnungsgemäß ausgewiesen.

3. Aus einem festverzinslichen Wertpapier, das Frau Bender im Betriebsvermögen hält, werden ihr jährlich 3 % Zinsen gutgeschrieben. Die Zinsgutschrift erfolgt jeweils zum 31.01. eines Jahres. Der Nennbetrag (= zu verzinsender Betrag des Wertpapiers) beträgt 50.000 €. Die Zinsgutschrift zum 31.01.2019 wurde bereits richtig erfasst; für die Zinsen zum 31.01.2020 wurde noch nichts gebucht.

4. Den Beitrag zur Feuerversicherung für ihren Betrieb hatte Frau Bender im Juli 2019 bezahlt. Im Dezember stellt sich heraus, dass der Beitrag zu hoch berechnet wurde. Am 30.12.2019 erhält Frau Bender von der Versicherung ein Schreiben, in dem sich die Versicherungsgesellschaft entschuldigt und zusagt, den zu viel gezahlten Beitrag in Höhe von 259 € im Januar durch Rücküberweisung zu erstatten.

Bilden Sie die zum 31.12.2019 erforderlichen Buchungssätze zur Erfassung der vorgenannten Geschäftsvorfälle in einer Buchungstabelle (siehe Kopiervorlage im Anhang). Es wurde hierzu noch nichts gebucht.

4. Rückstellungen

Aufgabe 102:

Der buchführungspflichtige und zum Vorsteuerabzug berechtigte Unternehmer Jakob Born betreibt in Koblenz eine Stanzerei. Ende Dezember 2019 ereignet sich ein Maschinenschaden an einer Stanzmaschine. Der mit der Reparatur beauftragte Monteur muss noch Ersatzteile bestellen, die erst Mitte Januar geliefert werden. Der Kostenvoranschlag für die Reparatur beläuft sich auf 4.500 € + 855 € = 5.355 €. Die Reparatur wird Ende Januar durchgeführt.

Ist zum 31.12.2019 eine Buchung vorzunehmen? Wenn ja, welche? Es wurde noch nichts gebucht. Begründen Sie kurz und geben Sie die Rechtsgrundlage mit an.

Aufgabe 103:

Dietmar Fölbach betreibt in Koblenz eine Druckerei mit einem Verlag. Er ist buchführungspflichtig und zum Vorsteuerabzug berechtigt.

Wegen einer Urheberrechtsverletzung droht Herrn Fölbach Ende 2019 ein Rechtsstreit. Die Schadenersatzsumme soll 5.000 € betragen, die Rechtsanwaltskosten werden auf 3.000 € + 19 % USt geschätzt, an Gerichtskosten entstehen 2.000 €, falls Herr Fölbach den Prozess verliert.

Ende Dezember steht fest, dass es im Jahr 2020 zur Gerichtsverhandlung kommen wird.

Ist zum 31.12.2019 eine Buchung vorzunehmen? Wenn ja, welche? Es wurde noch nichts gebucht. Begründen Sie kurz und geben Sie die Rechtsgrundlage mit an.

Aufgabe 104:

Der zum Vorsteuerabzug berechtigte buchführungspflichtige Gewerbetreibende Wolfgang Weber, Koblenz, hatte wegen eines anstehenden Schadenersatzprozesses zum 31.12.2018 auf dem Konto „Sonstige Rückstellungen 0970 (3070)" eine Rückstellung für ungewisse Verbindlichkeiten in Höhe von 9.000 € gebildet.

Im Juni 2019 wurde zwischen Herrn Weber und dem Kläger ein außergerichtlicher Vergleich geschlossen. Herr Weber zahlt an den Kläger 4.000 € (Banküberweisung). Der Anwalt hat Herrn Weber 2.000 € + 19 % USt berechnet (noch nicht bezahlt).

Wie ist im Juni 2019 zu buchen? Erstellen Sie die Buchungssätze in der nachfolgenden Tabelle.

Sollkonto Bezeichnung	SKR 03 (SKR 04) Kontonummer	Betrag (Euro)	Habenkonto Bezeichnung	SKR 03 (SKR 04) Kontonummer

Aufgabe 105:

Im Dezember 2019 geht der Gewerbesteuer-Bescheid für 2018 bei dem buchführungspflichtigen Unternehmer Arne Philippi ein, in dem die Gewerbesteuer 2018 mit 7.780 € festgesetzt wird.

Herr Philippi hatte für 2018 bereits festgesetzte Vorauszahlungen in Höhe von 6.000 € an die Stadtkasse bezahlt und gebucht. Somit ist eine Nachzahlung in Höhe von 1.780 € von Herrn Philippi an die Stadtkasse zu entrichten (am 31.12.2019 noch offen).

Im Jahresabschluss 2018 hatte Herr Philippi eine Gewerbesteuer-Rückstellung in Höhe von 1.000 € gebildet und richtig gebucht.

Die verbleibende Nachzahlung wird im Januar 2020 durch Lastschrift beglichen.

Wie ist zum 31.12.2019 zu buchen? Erstellen Sie die Buchungssätze in der nachfolgenden Tabelle.

Sollkonto Bezeichnung	SKR 03 (SKR 04) Kontonummer	Betrag (Euro)	Habenkonto Bezeichnung	SKR 03 (SKR 04) Kontonummer

Q. Bewertungen und Buchungen im Anlagevermögen

1. Nicht abnutzbares Anlagevermögen

Aufgabe 106:

Das unbebaute betriebliche Grundstück „Im Sonneneck 12" (1.000 qm) wurde 2016 für 125.000 € + 8.750 € Anschaffungsnebenkosten mit der Erwartung angeschafft, dass eine Baugenehmigung für eine Lagerhalle auf diesem Grundstück erteilt wird. Im Juli 2019 stellt sich heraus, dass eine Bebauung für betriebliche Zwecke unzulässig ist. Der qm-Wert sinkt nachweislich auf 35 €/qm. Die Anschaffungsnebenkosten betragen 7 % des Anschaffungspreises.

Bestimmen Sie den Wert des Grundstücks zum 31.12.2019 und bilden Sie – sofern erforderlich – den Buchungssatz zur Wertanpassung. Begründen Sie Ihre Lösung.

Aufgabe 107:

Im Betriebsvermögen des buchführungspflichtigen Gewerbetreibenden Philipp Luy befindet sich das unbebaute betriebliche Grundstück „Markenbildchenweg 1" (1.000 qm). Es wurde 2015 für 210.000 € + 14.700 € Anschaffungsnebenkosten mit der Erwartung angeschafft, dass eine Baugenehmigung für ein Geschäftsgebäude auf diesem Grundstück erteilt wird. Der Bauantrag wurde abgelehnt. Zum 31.12.2018 lag der Wert nachweislich bei 110 €/qm + 7 % ANK. Das Grundstück wurde zum 31.12.2018 mit 117.700 € bilanziert.

Im Betrachtungsjahr wird das Gebiet, in dem sich das Grundstück „Markenbildchenweg 1" befindet, zum Bauland für Wohngebäude erklärt. Daraufhin steigt der Wert des Grundstücks auf 150 €/qm + 7 % ANK.

Bestimmen Sie den Wert des Grundstücks zum 31.12.2019 und bilden Sie – sofern erforderlich – den Buchungssatz zur Wertanpassung. Begründen Sie Ihre Lösung.

2. Abnutzbares Anlagevermögen

2.1 Software

Aufgabe 108:

Der buchführungspflichtige und zum Vorsteuerabzug berechtigte Unternehmer Paul Schmidt erwirbt für sein Unternehmen am 02.11.2019 ein Kalkulationsprogramm für 1.100 € + 209 € USt auf Ziel. Am 05.11.2019 bezahlt er die Rechnung unter Abzug von 2 % Skonto durch Banküberweisung.

Die geplante Nutzungsdauer beträgt 3 Jahre.

Ermitteln Sie die Anschaffungskosten und die Abschreibung des Buchführungsprogramms im Zugangsjahr und erstellen Sie die Buchungssätze zur Erfassung des gesamten Vorgangs in einer Buchungsliste (siehe Kopiervorlage im Anhang). Nebenrechnungen sind vollständig aufzuführen.

Aufgabe 109:

Die buchführungspflichtige und zum Vorsteuerabzug berechtigte Unternehmerin Marie Müller kauft für ihr Unternehmen am 30.12.2019 ein Tabellenkalkulationsprogramm für 420 € + 79,80 € USt. Sie bezahlt die Rechnung direkt unter Abzug von 3 % Skonto bar.

Die geplante Nutzungsdauer beträgt 3 Jahre. Ein Sammelposten gem. § 6 Abs. 2a EStG soll für 2019 nicht gebildet werden. Die Bewertung zum 31.12. soll so niedrig wie möglich erfolgen.

Ermitteln Sie die Anschaffungskosten und die Abschreibung des Tabellenkalkulationsprogramms im Zugangsjahr und erstellen Sie die Buchungssätze zur Erfassung des gesamten Vorgangs in einer Buchungsliste (siehe Kopiervorlage im Anhang). Nebenrechnungen sind vollständig aufzuführen.

2.2 Firmenwert

Aufgabe 110:

Die buchführungspflichtige Unternehmerin Martina Schraub erwirbt zum 01.09.2019 zur Erweiterung ihres Unternehmens ein kleines Konkurrenzunternehmen.

Die Buchwerte der übernommenen Vermögensgegenstände und Schulden betragen:

Sachanlagen	45.000 €
Forderungen a LuL	22.500 €
Zahlungsmittel	3.750 €
Waren	15.000 €
Verbindlichkeiten a LuL	7.500 €
Bankverbindlichkeit	15.000 €

Der Kaufpreis beträgt 75.000 €; er wird per Banküberweisung bezahlt und ordnungsgemäß gebucht.

a) Berechnen Sie den Firmenwert zum Zeitpunkt des Erwerbs und die handelsrechtliche und steuerrechtliche Abschreibung für das Zugangsjahr auf einem separaten Blatt.

b) Erstellen Sie den Buchungssatz zur Erfassung der handelsrechtlichen Abschreibung des Firmenwertes im Zugangsjahr.

2.3 Gebäude

Aufgabe 111:

Die buchführungspflichtige Unternehmerin Carina Müller erwirbt im März 2019 ein Geschäftsgebäude (Baujahr 1980), das ausschließlich für ihr Unternehmen genutzt wird. Der Übergang von Nutzen und Lasten erfolgt am 27.03.2019. Die Anschaffungskosten einschließlich Anschaffungsnebenkosten betragen 678.950 €, die bereits auf dem entsprechenden Anlagenkonto richtig erfasst sind.

Berechnen Sie für das Geschäftsgebäude die Abschreibung für das Zugangsjahr und erstellen Sie den Buchungssatz zur Erfassung der Abschreibung. Nebenrechnungen sind vollständig aufzuführen.

Aufgabe 112:

Der buchführungspflichtige Gewerbetreibende Dominik Neuer hat für sein Unternehmen am 01.06.2019 (= Datum des Kaufvertrags und Übergang von Nutzen und Lasten) ein Geschäftsgebäude erworben, das ab Juli 2019 ausschließlich für sein Unternehmen genutzt wird. Das Gebäude wurde vom Verkäufer 1990 fertiggestellt (Bauantrag 1988). Die Anschaffungskosten einschließlich Anschaffungsnebenkosten haben 588.760 € betragen, die bereits auf dem entsprechenden Anlagenkonto richtig erfasst sind.

Berechnen Sie für das Geschäftsgebäude die Abschreibung für das Zugangsjahr und erstellen Sie den Buchungssatz zur Erfassung der Abschreibung. Nebenrechnungen sind vollständig aufzuführen.

2.4 Bewegliche Vermögensgegenstände

Aufgabe 113:

Die buchführungspflichtige und zum Vorsteuerabzug berechtigte Unternehmerin Sabine Rahm erwirbt für ihr Unternehmen am 04.04.2019 (Liefertermin) einen Multifunktionsdrucker. Der Lieferant stellt Frau Rahm 2.500 € + 475 € USt für das Gerät in Rechnung.

Für die Anlieferung bezahlt Frau Rahm 89,25 € direkt an den Spediteur (Barzahlung gegen ordnungsgemäße Rechnung).

Frau Rahm bezahlt die Rechnung des Lieferanten am 12.04.2019 unter Abzug von 2 % Skonto durch Banküberweisung.

Die Nutzungsdauer soll 5 Jahre betragen.

Ermitteln Sie die Anschaffungskosten und die Abschreibung des Multifunktionsdruckers im Zugangsjahr und erstellen Sie die Buchungssätze zur Erfassung des gesamten Vorgangs in einer Buchungstabelle (siehe Kopiervorlage im Anhang). Nebenrechnungen sind vollständig aufzuführen. § 7g EStG kann nicht in Anspruch genommen werden.

Die Eingangsrechnung des Lieferanten ist zunächst ohne Abzüge zu erfassen; die Bezahlung mit Skontoabzug erfolgt dann getrennt in einem zweiten Schritt.

Aufgabe 114:

Die buchführungspflichtige und zum Vorsteuerabzug berechtigte Unternehmerin Manuela Bach kauft für ihr Unternehmen am 25.09.2019 (Liefertermin) ein Fotokopiergerät für netto 6.075 € + 19 % USt. Anschaffungsnebenkosten oder -minderungen fallen nicht an. Die Nutzungsdauer laut AfA-Tabelle beträgt 7 Jahre.

Nach den Herstellerangaben ist es möglich, mit dem Gerät 2,5 Mio. Kopien herzustellen (= technische Gesamtlebensdauer). In 2019 wurden bis zum 31.12. laut Zählerstand insgesamt 125.738 Kopien erstellt.

Ermitteln Sie die höchstmögliche Abschreibung des Fotokopiergerätes für 2019 sowie den Restbuchwert zum 31.12.2019 und erstellen Sie den Buchungssatz zur Erfassung der Abschreibung. § 7g EStG kann nicht in Anspruch genommen werden. Geben Sie auch die Rechtsgrundlagen der Abschreibung mit an.

R. Steuerliche Besonderheiten im Bereich des Anlagevermögens

1. Geringwertige Wirtschaftsgüter

Aufgabe 115:

Der buchführungspflichtige und zum Vorsteuerabzug berechtigte Gewerbetreibende Jan Kreuzer kauft für sein Unternehmen am 05.05.2019 folgende Gegenstände gegen Barzahlung:

- ► 2 Bürostühle zu je 430 € + 19 % USt
- ► 2 Schreibtischlampen zu je 155 € + 19 % USt

Herr Kreuzer erhält bei der Bezahlung 5 % Rabatt auf die oben aufgeführten Kaufpreise.

Die Nutzungsdauer dieser Gegenstände beträgt einheitlich 13 Jahre.

Erstellen Sie die Buchungssätze zur Erfassung des gesamten Vorgangs in einer Buchungsliste (siehe Kopiervorlage im Anhang). Die Gewinnminderung durch die Abschreibung soll höchstmöglich ausfallen. Nebenrechnungen sind vollständig aufzuführen.

Aufgabe 116:

Der buchführungspflichtige und zum Vorsteuerabzug berechtigte Gewerbetreibende Ingo Müller kauft für sein Unternehmen am 11.12.2019 einen neuen Büroschrank. Der Kaufpreis beträgt 950 € + 19 % USt. Für die Anlieferung und den Aufbau berechnet der Verkäufer pauschal 100 € + 19 % USt.

Herr Müller erhält 5 % Rabatt und 2 % Skonto auf den Gesamtkaufpreis. Er bezahlt die Rechnung am 13.12.2019 durch Banküberweisung.

Die Nutzungsdauer des Büroschranks beträgt 13 Jahre. Geringwertige Wirtschaftsgüter gem. § 6 Abs. 2 EStG hat Herr Müller in 2019 keine angeschafft.

Erstellen Sie die Buchungssätze zur Erfassung des gesamten Vorgangs in einer Buchungsliste (siehe Kopiervorlage im Anhang). Die Gewinnminderung durch die Abschreibung soll höchstmöglich ausfallen. Nebenrechnungen sind vollständig aufzuführen.

2. Investitionsabzugsbetrag und Sonderabschreibung

Aufgabe 117:

Frank Nollen betreibt in Koblenz die Schreinerei „Frank Nollen Schreinerei e. K."

Herr Nollen plant Ende 2019 die Anschaffung einer neuen CNC-Bohr- und Fräsmaschine für sein Unternehmen, die 20.000 € + USt kosten soll (Kostenvoranschlag). Die tatsächliche Anschaffung erfolgt dann im Februar 2020.

Das Betriebsvermögen von Herrn Nollen beträgt 188.570 € am 31.12.2019 und 212.650 € am 31.12.2020.

Die CNC-Maschine wird am 27.02.2020 für 20.000 € + 3.800 € = 23.800 € geliefert und von Herrn Nollen mit einem Bankscheck bezahlt. Die betriebsgewöhnliche Nutzungsdauer beträgt 10 Jahre; die Abschreibung soll linear erfolgen. § 7g Abs. 5 EStG (= Sonderabschreibung) soll 2020 nicht in Anspruch genommen werden.

§ 7g Abs. 2 EStG soll im Anschaffungsjahr (= 2020) in Anspruch genommen werden. Etwaige in früheren Veranlagungszeiträumen in Anspruch genommene Investitionsabzugsbeträge wurden bis zum Beginn des VZ 2019 bereits wieder gewinnerhöhend hinzugerechnet („IAB-Bestand" zum 01.01.2019 = 0 €).

Bilden Sie alle handels- und steuerrechtlich in Frage kommenden Buchungssätze und Nebenrechnungen für 2019 und 2020. Der steuerliche Gewinn 2019 soll so niedrig wie möglich ausgewiesen werden. Erforderliche Formalitäten werden ordnungsgemäß erfüllt.

Aufgabe 118:

Der buchführungspflichtige Gewerbetreibende Jan Schwoll, Koblenz, erwirbt am 01.03.2019 ein neues Spezialregal für das Lager seines Großhandelsunternehmens auf Ziel. Der Kaufpreis beträgt 18.500 € + 3.515 € USt = 22.015 €.

Die betriebsgewöhnliche Nutzungsdauer beträgt 12 Jahre. Herr Schwoll möchte das Regal höchstmöglich abschreiben (alle möglichen steuerlichen Wahlrechte sollen in Anspruch genommen werden).

Herr Schwoll hatte zum 31.12.2018 zulässigerweise einen Investitionsabzugsbetrag in Höhe von 6.400 € gewinnmindernd abgezogen, der 2017 wieder gewinnerhöhend hinzugerechnet werden soll. Der „IAB-Gesamtbestand" zum 01.01.2019 beträgt 6.400 €.

Das Betriebsvermögen des Gewerbebetriebs von Herrn Schwoll 31.12.2019 beträgt 211.500 €.

Bilden Sie alle in Frage kommenden Nebenrechnungen und Buchungssätze für 2019 (handels- und steuerrechtlich).

S. Bewertungen und Buchungen im Umlaufvermögen

1. Vorräte

Aufgabe 119:

Die vorläufige Summen- und Saldenliste des buchführungspflichtigen Gewerbetreibenden Rainer Böhm in Koblenz weist zum 31.12.2019 u. a. den folgenden Bestand aus:

3980 (1140)   Bestand Waren   44.525 € S

Die Inventur zum 31.12.2019 ergibt einen Waren-Schlussbestand von 42.450 € zu Einstandspreisen. Der Teilwert (= beizulegender Zeitwert) beträgt 41.225 € zum 31.12.2019 (die Einkaufspreise sind gesunken, und bei der Bilanzerstellung am 10.05.2020 sind die Einkaufspreise immer noch so niedrig wie am 31.12.2019).

Bilden Sie die entsprechende Anpassungsbuchung und erläutern Sie Ihre Buchung kurz (Nebenrechnung aufführen).

Aufgabe 120:

Der buchführungspflichtige Gewerbetreibende Moritz Spyra betreibt in Mainz ein Trekking-Geschäft. Er legt für 2019 für die Warengruppe „Jungfrau" (Einmann-Zelt) folgende Aufzeichnungen vor:

	Stückzahl	Euro/Stück
Bestand am 01.01.2017 (auf dem Konto „Warenbestand" ausgewiesen)	36	240,00
Wareneingang am 30.03.2017	25	241,00
Wareneingang am 01.07.2017	70	242,00
Endbestand am 31.12.2017 lt. Inventur	40	

Mit welchem Wert ist der Warenbestand in der Bilanz zum 31.12.2019 anzusetzen, wenn Herr Spyra die Durchschnittsbewertung anwendet?

Bilden Sie die entsprechende Anpassungsbuchung und erläutern Sie Ihre Buchung kurz (Nebenrechnung aufführen).

2. Forderungen

Aufgabe 121:

Die vorläufige Summen- und Saldenliste 2019 der Schreinerei Nollen e. K. weist u. a. den folgenden Bestand aus:

1400 (1200)   Forderungen aus Lieferungen und Leistungen   101.150 € S

In diesem Forderungsbestand ist eine Forderung in Höhe von 21.420 € (zu 19 % USt) gegenüber dem Weingut Godde in Kobern-Gondorf (Mosel) für den Ausbau der Verkostungsräumlichkeiten enthalten.

Im Dezember 2019 hat der Winzer Godde Insolvenz angemeldet. Das Insolvenzverfahren wurde mangels Masse nicht eröffnet. Mit einem Zahlungseingang ist somit nicht mehr zu rechnen.

Bilden Sie die entsprechende Anpassungsbuchung zum 31.12.2019 und erläutern Sie Ihre Buchung kurz.

Aufgabe 122:

Der buchführungspflichtige und zum Vorsteuerabzug berechtigte Gewerbetreibende Rolf Müller betreibt in Mainz ein Großhandelsunternehmen für Elektrogeräte. Er beauftragt Sie mit der Erstellung seiner Bilanz und Gewinn- und Verlustrechnung zum 31.12.2019.

1. Die bisher einwandfreie Forderung gegenüber der Firma Koller aus 2019 in Höhe von 7.140 € (im Bestand des Kontos „1400 (1200) Forderungen aus Lieferungen und Leistungen" enthalten) ist nachweislich zu 100 % uneinbringlich geworden.

2. Die Forderung gegenüber der Firma Weingart aus 2019 in Höhe von 23.800 € (im Bestand des Kontos „1400 (1200) Forderungen aus Lieferungen und Leistungen" enthalten) ist voraussichtlich nur noch zu 50 % einbringlich (sachgerechte Schätzung).

Beide Forderungen enthalten die USt gem. § 12 Abs. 1 UStG.

Bilden Sie die notwendigen Buchungssätze zum 31.12.2019 und führen Sie die Nebenrechnungen und Erläuterungen zu Ihren Buchungen mit auf.

Aufgabe 123:

Thomas Mayer betreibt in Trier ein Großhandelsunternehmen für Sanitärbedarf. Er beauftragt Sie mit der Erstellung seiner Bilanz und Gewinn- und Verlustrechnung zum 31.12.2019.

Auszug aus der Summenbilanz zum 31.12.2019:

SKR 03 (04)		Soll Euro	Haben Euro
1400 (1200)	Forderungen LuL	137.355	21.420
1460 (1240)	Zweifelhafte Forderungen	21.330	8.925
0998 (1246)	Einzelwertberichtigungen auf Forderungen		6.900
	davon:		
	Forderung gegen Gilles 6.000 €		
	Forderung gegen Neuer 900 €		

Angaben für Nachtragsbuchungen:

1. Auf die zweifelhafte Forderung gegenüber der Firma Gilles aus 2014 in Höhe von 17.850 € (brutto 19 % USt) gingen 8.925 € im Juli 2019 auf dem Bankkonto ein (die Zahlung wurde bereits gebucht). Der Rest ist endgültig verloren (noch nicht gebucht). **Beachte:** bestehende EWB siehe Konto 0998 (1246).

2. Auf die zweifelhafte Forderung gegenüber der Firma Neuer aus 2006 in Höhe von 3.480 € (brutto 16 % USt) gingen im November 2019 per Scheck 3.132 € ein (noch nicht gebucht). Der Rest der Forderung ist verloren. **Beachte:** bestehende EWB siehe Konto 0998 (1246).

Bilden Sie die notwendigen Buchungssätze zum 31.12.2019 und führen Sie Nebenrechnungen mit auf.

Aufgabe 124:

Bernd Regenhardt betreibt in Koblenz den Fahrradgroßhandel „Bike Shop Regenhardt e. K.". In der vorläufigen Saldenbilanz zum 31.12.2019 steht auf dem Konto „1400 (1200) Forderungen aus Lieferungen und Leistungen" ein Bestand in Höhe von 100.555 €. Darin enthalten ist eine Forderung gegenüber dem Kunden Ingo Müller in Höhe von 14.875 € (brutto 19 %), die mit Sicherheit verloren ist, weil Herr Müller zahlungsunfähig ist. Forderungen zum ermäßigten Steuersatz liegen nicht vor.

Eine in dem vorgenannten Bestand enthaltene Forderung gegenüber dem Kunden Gilles in Höhe von 11.900 € (brutto 19 % USt) ist wegen wirtschaftlicher Probleme des Kunden vermutlich nur noch zur Hälfte einbringlich.

Das allgemeine Ausfallrisiko beträgt 2 %.

Aus dem Vorjahr besteht eine Pauschalwertberichtigung in Höhe von 1.110 €.

Bilden Sie die notwendigen Buchungen zum 31.12.2019 und geben Sie alle Nebenrechnungen mit an.

T. Bewertung und Buchung der Verbindlichkeiten

Der buchführungspflichtige Edison Fatehpour möchte für sein Unternehmen in Koblenz eine neue Maschine kaufen. Seine Bank gewährt ihm hierfür am 31.10.2019 ein Darlehen in Höhe von 65.000 €. Die Auszahlung erfolgt zu 98 % auf das betriebliche Girokonto. Die Laufzeit beträgt 8 Jahre, der Zinssatz 4 % p. a. Die Zinsen werden Herrn Fatehpour vierteljährlich nachträglich belastet und erstmalig am 01.02.2020 von seinem Giro-konto abgebucht. Das Darlehen wird am Ende der Laufzeit in einer Summe getilgt.

Bilden Sie die Buchungssätze zum 31.10. und 31.12.2019. Es wurde noch nichts gebucht. Führen Sie auch alle Nebenrechnungen auf.

Kopiervorlagen

S   H   S   H

S   H   S   H

S   H   S   H

S   H   S   H

Buchungstabelle

Tz.	Sollkonto Bezeichnung	SKR 03 (SKR 04) Kontonummer	Betrag (Euro)	Habenkonto Bezeichnung	SKR 03 (SKR 04) Kontonummer

Buchungsanweisung

Tz.	Soll Kto.-Nr.	Betrag Euro	Haben Kto.-Nr.	Buchungstext bzw. Erläuterungen	Aufwand Euro	Ertrag Euro